KB263787

사람이 늙는다는 것

사람이 늙는다는 것

초고령의 현실과 돌봄에 관하여

사람이 늙는다는 것

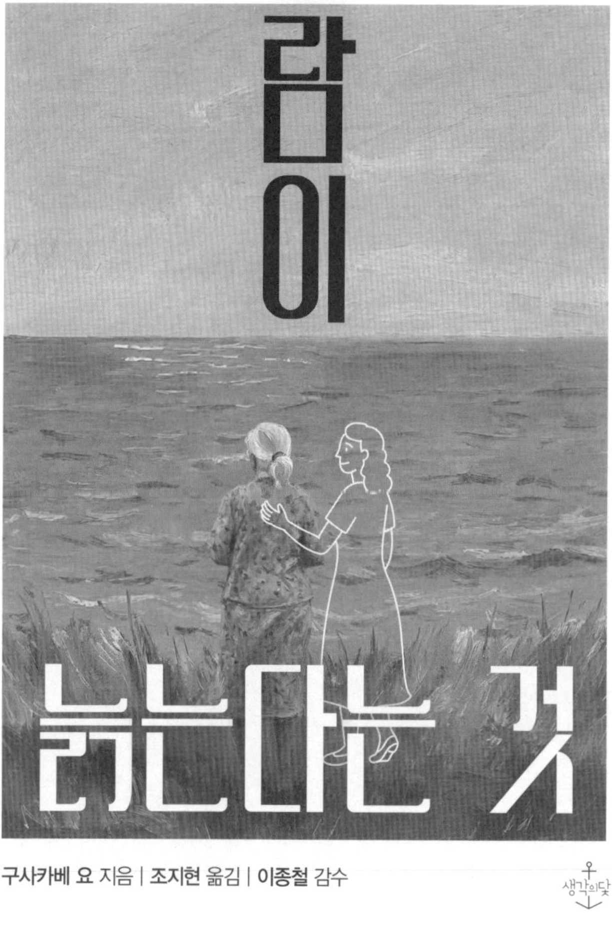

구사카베 요 지음 | **조지현** 옮김 | **이종철** 감수

생각의닻

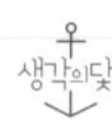

많은 사람들이 언제까지나 건강하게 오래 살기를 원한다. 나 역시 그리되길 바라지만, 여기에는 논리적 모순이 있다. 오래 산다는 것은 곧 나이가 든다는 것이고, 나이가 들면 계속 건강할 수 없기 때문이다. 나는 이제 예순여덟 살로, 노인 중에는 '신참'이라고 할 수 있다. 앞으로 점점 더 나이를 먹어갈 텐데, 어떻게 해야 멋지게 나이들 수 있을지 매일 진지하게 고민하고 있다.

나는 오랫동안 노인의료에 종사한 덕분에 다양한 노화의 패턴을 보아왔다. 멋지게 나이 드는 사람이 있는가 하면, 서툴고 형편없이 나이 들어 힘들어하는 경우도 여럿 보았다.

나이가 들면 여러 측면에서 육체적·기능적 저하가 진행된다. 눈이 잘 보이지 않고, 귀가 잘 들리지 않고, 건망증이 심해지고, 사람의 이름이 잘 나오지 않고, '저…', '이…', '그…' 같은 지시대명사만 반복하고, 동작이 굼뜨고, 힘이 없고, 어기적거린다. 그 외에도 넘어지고, 쓰러지고, 떨어뜨리고, 음식을 흘리거나, 토하기 일쑤다. 이뿐만 아니라 오줌을 싸거나, 새거나, 덜 나오는 복압성 요실금, 절박성 요실금, 혼합형 요실금, 변실금까지 발생한다. 외모도 변한다. 대머리, 흰머리(눈썹, 속눈썹, 코털, 겨드랑이털, 음모까지 모두), 주름, 잡티, 처짐, 사마귀, 기미, 색소침착이 생긴다. 멍도 쉽게 든다. 끈기도 없어지고, 호기심도 없어지고, 체력도 없어지고, 사회에 대한 관심도 줄어들고 좋아하는 것, 재미있는 것에 대한 흥미도 사라진다.

　　그 외에도 고집이 세지고, 쉽게 화를 내고, 인내심이 없어지고, 불평이 많아지고, 잔소리가 많아지고, 걱정이 많아지고, 불안이 많아지고, 의심이 많아지고, 질투심이 많아지고, 비뚤어진 생각으로 쉽게 오해하고, 자신을 억제하지 못하고, 기다리는 걸 힘들어하고, 이기적으로 변하는 등의 정신적인 노화도 동반한다. 젊은 사람들이 싫어하는 것 퍼레이드다.

그 외에도 관절이 뻣뻣해지고 여기저기 아파온다. 손이 떨리고, 몸도 떨리고, 다리가 떨려 걷지 못하고, 작은 글씨를 잘 쓰지 못하고, 옷을 갈아입거나 목욕, 식사, 배설, 세수, 이동이 모두 불가능해져 결국 병상에 누워 지내는 경우가 많다.

이런 자연적인 노화 현상뿐만 아니라 다양한 질병도 찾아온다. 암, 우울증, 치매, 폐렴, 심부전, 뇌혈관질환 같은 흔한 것부터 파킨슨병, 척추관협착증, 무릎관절염, 류머티즘, 턱관절장애, 폐기종, 간경화, 협심증 등 고통스러운 질병뿐만 아니라 척수소뇌변성증, 근위축성측삭경화증(ALS, 일명 루게릭병)과 같은 무서운 난치병까지. 나이가 들면 모든 질병의 위험성이 커진다.

늙기 싫은 말들만 썼지만, 이것이 바로 늙는다는 것, 즉 '오래 산다는 것'이다. 그럼에도 불구하고 오래 살고자 하는 사람이 많은 이유는 무엇일까? 그것은 살아 있는 생물체로서의 본성이고, 오래 살면 좋은 점도 나쁜 점 못지않게 많기 때문이다.

세상에는 장수를 긍정하는 말과 정보가 넘쳐난다. '80세부터의 행복론', '멋지구나 90세!', '인생 백

년!', '언제까지나 건강하고 나답게', '간병인 없이, 의사 없이' 등등. 이런 문구들을 볼 때마다 나는 깊은 고민에 빠져든다. 사람들이 '그림의 떡' 같은 것들만 보면서 안심해도 될까 하는 생각이 든다. 문득 파스칼의 말이 떠오른다. "우리는 절벽이 두려워 눈을 가리고 절벽을 향해 달려가고 있다."

　　노화로 고생하는 사람들은 대개 방심하고 있었던 사람들이다. 부풀려진 정보에 현혹되어 현실을 제대로 보지 않고 밝고 긍정적인 말만 철석같이 믿어온 사람들이다. 반면 잘 늙고 평온하게 사는 사람들은 어떤 깨달음 같은 것을 품고 사는 듯하다. 그들은 결코 언제까지나 건강하게 살려고 애쓰지 않는다. 언제까지나 건강함을 고집하면 언젠가는 패배의 우울을 경험할 것이 분명하기 때문이다.

　　나이가 들수록 기능이 저하되는 것은 당연하다. 그러니 자연스레 아등바등하는 일도 줄어든다. 그렇게 해도 얻을 수 있는 것이 별로 없다는 것을 곧 알게 되니까. 그런 지혜가 모여 깨달음 너머 달관의 경지에 이르게 되는 것 같다.

　많은 노인을 상대하면서 편안하고 즐겁게 나이
든 사람과 서툴고 힘들게 나이 든 사람을 만나게 되었
다. 그리고 처음 경험하는 '노화, 혹은 나이듦'에 실패
하지 않는 방법이 있다는 생각이 들었다.

　이제부터 여러분과 함께 '사람이 늙는다는 것'이
무엇인지 살펴보고자 한다.

들어가는 말 5

제1장　노화, 그 불가사의한 세계

잘 늙는 법 17 ｜ 노인의료에 뛰어들다 19 ｜ 중증도와 고통은 일치하지 않는다 21 ｜ 94세의 인기녀 24 ｜ 아련한 로맨스 27 ｜ 99세의 걱정거리 30 ｜ 나이 자랑 32 ｜ 죽고 싶다는 끈질긴 욕망 36 ｜ '죽어라'가 아닌 '죽을 수 없다'는 심술 40 ｜ 바다보다 깊은 노인 우울증 42 ｜ 부정적인 생각의 여왕 46 ｜ 배설, 골치 아픈 필연 49

제2장　만만찮은 치매 노인

'노인성 치매'에서 '인지증'으로 57 ｜ 코미디가 따로 없는 '치매 판정' 59 ｜ 치매 진단의 애매모호함 61 ｜ 치매의 종류와 특징 63 ｜ '행복형'과 '심기불편형' 65 ｜ 곤혹스러운 '분노형' 68 ｜ '울보형'과 '정서불안형' 70 ｜ 즐거운 '웃음형' 72 ｜ 난처한 '심술형' 74 ｜ 노인의 '배회'는 배회가 아니다? 77 ｜ 바람처럼 사라지는 노인 81 ｜ 실종자 발견 미담, 그 후 84 ｜ 치매 노인에게 한 방 먹다 86 ｜ 배회를 막는 방법 90 ｜ 그야말로 '폭군' 93 ｜ 치매 간병의 비밀병기 96

| 제3장 | **치매만은 걸리고 싶지 않은 당신에게** |

절대 걸리고 싶지 않은 병 103 │ 치매 예방에 효과적인 것 106 │ 치매 치료제의 실체 110 │ 명료한 정신을 유지하는 것 113 │ 치매는 축복(?) 116 │ 나만 치매에 걸리는 게 아니다 120 │ 치매 간병 비법1 124 │ 치매 간병의 실패 패턴 126 │ 치매 간병 비법2 130 │ 더 이상 노인을 공경하지 않는 시대 132

| 제4장 | **의료환상, 불행의 원인** |

'의료환상'이란 무엇인가 139 │ 코로나 팬데믹으로 본 의료환상 142 │ 치매 조기 발견과 치료에 대한 의문 144 │ 재활치료에 대한 환상 147 │ 기적의 부활 150 │ 미담의 폐해 153 │ 인술을 가로막는 시스템 157 │ 길 잃은 어린 양을 더욱 헤매게 하다 159 │ '선생님 덕분'이라는 거짓말 164 │ 의료와 종교 168

목차

제5장 새로운 암 대처법

암이란 무엇인가 175 | 왜 암으로 사망하는가 177 | 암의 4대 치료법 180 | 대체요법과 가짜 치료 184 | 암 고지의 장단점 186 | 암 검진의 장단점 189 | 낫지는 않지만 죽지도 않는 192 | 암 환자의 임종 194

제6장 죽음을 예비하다

'안녕한 죽음'을 위한 준비 199 | 1인칭 죽음 201 | 불효자의 상상 204 | 위루술과 케모포트 207 | 임종 직전의 인공투석 210 | 평온한 죽음을 방해하는 것들 211 | 안락사 금지 국가 216

제7장 **달콤한 유혹의 덫**

욕망을 이용하는 비즈니스 221 | '욕망 긍정주의'의 덫 223 | '슈퍼 시니어'의 덫 226 | 뛰어난 사람일수록 노화가 괴롭다 230 | 사후세계의 유혹 235 | 생명을 함부로 대하는 나라에서 소중히 여기는 나라로 238

제8장 **앞으로 어떻게 나이 들 것인가**

다음 단계를 위한 준비 247 | 욕망과 집착 251 | 무도인은 틀니에 빨리 적응한다 254 | 모든 것은 비교의 문제 257 | 사무라이는 왜 할복을 했을까 259 | '인생의 노을', 의외로 좋은 것 263 | 은퇴 노인 266 | 가장 행복한 순간, 지금 269

나가는 말 | 자연스러운 것에 순응하기 271
부록 | 한국어판 하세가와 치매척도(HDS-K) 275

| 일러두기 |

1. 이 책에 등장하는 인명과 지명을 비롯한 외래어는 국립국어원의 외래어표기법에 따랐다.
2. 번역자의 주는 (번역자주), 감수자의 주는 (감수자주)로 표기했다.
3. 본문에서 영화나 TV프로그램, 신문, 그림 음악, 논문 보고서 등은 〈 〉, 단행본과 정기간행물은 《 》로 표기했다.
4. 2013년 일본 노년학회와 노인의학회는 75~89세 사이의 사람들을 '노인'으로 보는 것이 가장 적합하다고 발표했다. 65~74세 사이의 사람들은 '전노인'으로, 90세 이상의 사람들은 '초고령 노인'으로 명명한 것이다. 이 책에서 '노인'으로 지칭되는 연령대는 초고령에 속한다고 할 수 있다.

제1장

노화,
그 불가사의한 세계

잘 늙는 법

'사람이 늙는다는 것'이라는 제목에서 인간의 노화에 관한 메커니즘이나 노화로 인한 세포의 변화, 근육과 내장의 단백질량 감소 등에 대한 의학적인 해설을 기대할 수도 있겠지만, 그런 것들은 다른 책에 맡기겠다. 현재까지 밝혀진 노화에 관한 지식이 그다지 흥미로운 것도 아니고, 안다고 해서 잘 늙을 수 있는 것도 아니기 때문이다.

노화에 관한 책 중 사람들에게 많이 읽히는 것은 노화를 멈추게 하거나 늦추는 방법을 주제로 하는 경우가 많다. 하지만 그 역시도 다른 책들에 맡기겠다. 노화를 늦추기 위한 노하우나 권장사항도 여러 가지가 있지만, 대부분 속지 않도록 주의가 필요한 미심쩍은 것들이거나 사람들을 안심시키거나 위안을 주기 위한 것, 혹은 맞아도 그만, 안 맞아도 그만인 것이 대부분이기 때문이다.

애초에 운동과 식사, 영양제, 약물 등 노화를 늦추는 방법을 통해 젊음을 유지하더라도, 반드시 그 덕분이라고 할 수는 없다. 그러한 방법을 따르지 않았더라도 똑같이 젊음을 유지했을 가능성을 부정할 수 없기 때문이다.

과학적으로 효과를 입증하기 위해서는 어떤 조치를 취한 그룹과 그렇지 않은 그룹을 무작위로 나누어 대규모로 장기간 비교해야 한다(이러한 방법을 '대규모 무작위 대조시험'이라 한다). 하지만 이런 실험은 사실상 불가능에 가깝다. 누구나 조치를 취한 그룹에 들어가기를 원하기 때문이다.

게다가 젊음의 지표를 어떻게 정하는 것이 좋을까? 운동 기능을 지표로 삼아야 할까? 혹은 기억력이나 신경 전달 속도를 기준으로 삼아야 할까? 특정 지표의 수치가 좋게 나왔다고 해서 그것이 즐겁고 수월하게 나이 들어가고 있음을 의미하는 것은 아니다. 노화에는 다양한 측면이 있고, 사람마다 받아들이는 방식도 다르기 때문이다. 노화가 진행되어도, 정신적으로 충만한 사람이 있는가 하면, 젊어 보이지만 불평불만을 가득 품고 있는 사람도 많다.

후회 없이 마음 편하게 나이 들어가기 위해서는 다양한 노화의 사례를 참고하는 것이 좋다. 나 역시 다양한 노화의 과정들을 지켜보며 함께한 경험이 내게 큰 도움이 되었다고 생각한다.

노인의료에 뛰어들다

나는 원래 외과의사였다. 30대 초반, 우연한 기회에 외무성 의무관이 되어 여러 나라의 일본 대사관에서 약 9년 동안 근무할 기회를 얻었다. 내가 부임했던 곳은 사우디아라비아와 오스트리아, 파푸아뉴기니 등 세 나라였다.

마흔두 살에 의무관을 그만두고 일본에 귀국했을 때, 공백이 너무 길었기 때문에 다시 외과의사로 일해야 할지 고민스러웠다. 그러던 차에 고베에 위치한 노인 데이케어(자택에 거주하는 노인들에게 하루 중 일정 시간 돌봄을 제공하는 복지센터로, 주로 입원 환자에게 돌봄을 제공하는 한국의 요양원과는 구분된다_번역자주) 시설의 병설 클리닉을 소개받았다. 아직 개호보험(2000년부터 일본에서 고령자들의 간병을 책임지기 위해 신설된 사회보험. 유사한 제도로 우리나라에는 2008년부터 시행된 노인장기요양보험이 있음_번역자주)이 시작되기 전이었기 때문에 노인 데이케어도 의료보험으로 운영되고 있었다.

당시 노인 데이케어 클리닉에서 일하는 의사들은 현역에서 은퇴한 의사들이 대부분이라, 환자도 고령이지만 의사도 고령이라는 인식이 일반적이었다. '노화'라는 낫지 않는 증상을 다루기 때문에 의욕이 넘치는 젊은 의사나 노련한 베테랑 의사가 노인의료를 꺼리는 것도 당연했다.

나 역시 처음에는 별다른 의욕 없이 일을 시작했다. 그러나 막상 일을 하다 보니 의외로 흥미로운 부분이 많았다. 외래 환자는 많지 않았지만, 데이케어에는 매일 40명의 '진짜' 노인들이 찾아왔다. 나는 그때까지만 해도 노인이라고 하면 기껏해야 조부모님이나 이웃의 아는 사람이 전부였고, 노인에 대한 막연한 선입견을 갖고 있었다. 그런데 데이케어 이용자들을 보니 건강 상태부터 마음가짐, 고민, 갈등, 욕구까지 모든 것이 천차만별이었다. 그 과정에서 각자 살아온 인생이 자연스럽게 드러났다.

클리닉에 출근하면 나는 셔틀버스를 내리는 이용자들을 맞이하고, 외래환자가 없을 때는 2층 데이케어실에 올라가 데이케어 프로그램을 지켜보곤 했다. 이용자들과 대화를 나누고 고민을 상담해주면서 비밀스럽게 그들을 관찰하다 보니, '노화'의 놀라운 실체를 마주하고 큰 흥미를 느끼게 되었다.

중증도와 고통은 일치하지 않는다

처음 내가 의외라고 느낀 점은 많은 노인들이 지극히 당연한 것에 대해 고민하고 탄식한다는 것이었다. 허리가 아프다, 무릎이 아프다, 빨리 걷지 못한다, 작은 글씨가 잘 안 보인다, 글씨를 잘 쓰지 못한다, 건망증이

심하다 등 당시 40대였던 나로서는 나이가 들면 당연하게 여겨지는 것들뿐이었다. 그런데도 당사자들은 "왜 이렇게 되었을까?" 혹은 "이렇게 될 줄 몰랐다"며 한탄했다. 마치 전혀 예상치 못한 불행을 마주하고 고통스러워하는 것 같았다.

아마도 그것은 마음의 준비가 부족해서였을 것이다. '언제까지나 젊고 건강하게', '끝까지 나답게' 등 무책임한 정보와 듣기에 좋은 말들에 현혹되어 있기 때문에, 노화로 인해 신체 여기저기에 불편함이 생기면 "왜 내게 이런 일이 생겼을까?" 하며 낙담했다.

반면 '나이가 들면 다 그런 거지'라며 노화로 인한 여러 가지 불편함을 받아들이는 사람도 있었다. 한 남성은 허리 통증으로 걷는 것이 거의 불가능한데도 치료를 받으려 하지 않았다. 노인의료에 갓 입문한 나는 어떻게든 그의 요통을 치료하고 싶어서 이런저런 치료법을 제안했지만, 그는 고개를 가로저을 뿐이었다. 그리고는 싱긋 웃으며 이렇게 말했다. "이 요통은 나이 탓인지라 어쩔 수 없어요. 이걸 낫게 할 수 있다면 의사 양반은 정말 대단한 명의일 겁니다." 그는 애초부터 치료받을 생각이 없었다. 그러면서 젊은 혈기에 쓸데없는 일에 매달리는 나를 불쌍히 여기는 것 같기도, 놀리는 것 같기도 했다.

그 외에도 여든두 살의 한 여성은 뇌경색으로 반신불수가 되어 왼쪽을 거의 쓸 수 없는 상황에서도 열심히 보행 재활훈련을 하고 있었다. 제법 효과가 있어서 입소 당시보다 상태가 많이 개선되었다. 그래서 내가 격려의 의미를 담아 "훨씬 빨리 걸을 수 있게 되셨네요"라고 말을 건넸다. 그러자 그녀는 험상궂은 얼굴로 나를 노려보더니 "더 빨리빨리 척척 걷고 싶다고!"라고 대답했다. 몸의 오른쪽은 자유롭고 언어장애도 없으며 정신도 멀쩡해서 남은 기능을 활용하면 얼마든지 삶을 즐길 수 있는데도, 본디 성실하고 노력하는 천성을 타고난 그녀는 마비된 왼쪽 반신을 회복하는 일로 머릿속이 가득 차 있는 것 같았다.

한편 일흔아홉의 또 다른 남성도 뇌경색을 앓고 있었다. 앞에 언급한 여성보다 증상이 심해 보행이 불가능했고 휠체어를 타야만 했다. 재활치료를 하면 보행기를 사용할 수 있을 정도는 회복될 것 같아서 내가 직원들과 함께 자주 재활치료를 권유했지만, 본인은 전혀 그럴 생각이 없었다. 데이케어에서 목욕을 한 후에 내가 "몸을 따뜻하게 하면 근육이 풀려서 재활 효과도 더 잘 나타난답니다"라며 재활치료를 권유해도, 웃는 얼굴로 손사래를 치며 "휠체어가 편하고 좋아"라고 말했다.

앞서 언급한 여성은 지팡이를 짚고 걸을 수 있었다. 이에 비하면 휠체어를 탄 남성은 증상이 훨씬 더 심각했다. 하지만 근심과 걱정, 탄식의 깊이는 증상이 가벼운 여성의 경우가 더 깊었다. 보통은 병의 증상이 심하면 고민과 걱정도 커질 것 같지만, 노인의 세계에서는 그것이 반드시 통용되는 것도 아니었다.

94세의 인기녀

지금도 마찬가지지만, 노인 데이케어센터에서 가장 힘든 일은 치매 환자를 돌보는 것이다. 치매 환자는 잠시라도 눈을 떼면 휴지를 먹고, 가방에 가래를 뱉어 놓고, 변기에 손을 씻고, 기저귀를 찢어 흩뿌리고, 하루

종일 배회하며 직원들을 애먹인다. 직원들이 당황해서 소리를 지르고, 뛰어다니며 뒷수습을 해도 당사자는 해맑은 표정으로 전혀 개의치 않는다.

의외의 유머러스한 행동으로 직원들을 웃게 해 주는, 인기 많은 어르신도 있었다. 치아는 다 빠지고 얼굴은 주름투성이에, 항상 입을 씰룩거리며 움직이던 K씨(94세, 여성)는 데이케어센터에서 가장 인기 있는 인사였다.

"잘 부탁드리겠습니다. 불편을 끼쳐드려 죄송합니다"라며 정중하게 고개를 숙이다가도, "이봐, 당신. 빨리빨리 하라고!"라며 갑자기 직원을 하인 취급을 하기도 했다. 내게도 "이쪽으로 오시오!"라고 엄격한 말투로 부른 적이 있다. "네, 왔어요. 무슨 일이세요?"하고 물었더니, "내가 오라면 오는 거야"라는 대답이 돌아왔다. "그래서, 무슨 일이세요?" "별 볼 일은 없어." 그러더니 그녀는 다시 상냥한 말투로 돌아와 "항상 신세를 지고 있습니다. 제멋대로 말하고, 저는 나쁜 인간입니다"라며 두 손 모아 정중한 태도로 고개를 숙이기도 했다.

한 번은 데이케어 프로그램에서 아침 식사로 무

엇을 먹었냐고 물었는데, K씨는 "오늘 아침에는 고양이를 먹고 왔지"라고 대답해 직원들을 깜짝 놀라게 했다. 이런 재미있고 엉뚱한 대답이 K씨의 인기 비결이었다.

그럼에도 실제 간병은 쉽지 않다. K씨의 경우, 가장 큰 난관은 식사 보조였다. 그녀는 연하 기능이 저하되어 음식을 잘 삼키지 못했다. 삼키지 못할 뿐만 아니라 씹던 음식물을 아무렇게나 뱉어버리곤 했다. 식사를 돕는 직원이 휴지를 펼쳐서 준비하면 뱉지 않지만, 턱 밑에 손을 갖다 대면 기다렸다는 듯이 음식물을 뱉어냈다. 손을 내밀지 않고 기다리면 얼굴을 돌려 다른 곳에 뱉어버렸다. 주변에 신문지를 펼쳐놓고 어디든 뱉어도 좋다고 하자 이번에는 직원 얼굴을 향해 음식을 뱉어버렸다. 이럴 땐 성격이 나쁘다고밖에 달리 할 말이 없지만, 그래도 K씨만의 독특한 캐릭터 덕분에 그 인기는 식지 않았다. 그래서 셔틀버스에서 K씨가 내리는 모습이 보이면, 직원들은 "와~ 다시 오셨네요"라며 좋아하기도 했다.

데이케어센터에서 서예 프로그램을 진행할 때 그녀가 먹물을 다 마셔버려서 큰 곤욕을 치른 적도 있다. 직원이 바로 알아차리고 세면대로 데려가 양치질을 시키고, 가글을 한 후 뱉으라고 말하자 '꿀꺽'하고 마셔버렸다. 어쩔 수 없이 함께 사는 딸에게 연락해 "죄송합니다. 저희가 잠시 눈을 뗀 사이에 K씨가 먹물을 마셔버렸어요. 내일이나 모레 검은 변이 나올 것 같은데 놀라지 말아주세요"라고 말했다. 그러자 "놀라지 않아요"라는 대답이 돌아왔다. 나중에 들어보니 갓 지은 밥 위에 오줌을 싸기도 하고, 아침에 일어나면 슬리퍼 위에 똥이 묻어 있기도 했다고 한다. 그래서 먹물을 마신 것 정도는 대수롭지 않았던 것이다.

아련한 로맨스

그 외에도 키 크고 늘씬했던 S씨(95세, 남성)는 인기가 많았다. 늘 멋지게 지팡이를 짚고 베레모에 조끼를 입은 '댄디한 할아버지'였다. 귀가 거의 들리지 않아 대화는 일방통행이었지만 "당신은 참 젊구먼. 나랑 결혼하겠소?"라며 투박한 말투로 여성 직원을 유혹하고, "화요일, 튜즈데이군요" 마치 지식인이라도 되는 양 영어를 섞어 말하며 허세를 떨기도 하고, 셔틀버스에서 내려 간호부장이 부축을 하면 "팔짱 끼고 가자"며 팔을 내밀어 60대의 수간호사를 당황하게 만들기도 했다.

또 휠체어에서 한 발짝도 움직이지 못하는 M씨(94세, 남성)는 눈과 귀가 불편해 대화를 거의 할 수 없었지만, 항상 만면에 환한 미소를 지으며 무슨 말을 들어도 손을 맞잡고 "고맙다, 고맙다"며 연신 고개 숙여 인사를 했다. 마치 지장보살의 미소 같아서 인자하고 진심으로 감사하는 마음이 전해졌다. 상대방의 마음까지 편안하게 해주어서 직원들에게도 인기가 많았다.

M씨가 지장보살이라면 N씨(90세, 여성)는 동자승 같은 분으로, 대화도 순수함 그 자체였다. 전쟁 전에 남편과 함께 일 때문에 필리핀에 살았던 모양인데, 내가 파푸아뉴기니 일본 대사관에 근무했던 이야기를 하자 "맥아더라는 사람, 알아요?"라고 물었다. 알고 있다고 대답했더니, "만난 적 있어요?"라고 물어봐서 몹시 당황했던 적이 있다. 맥아더 장군이 파푸아뉴기니의 수도 포트모르즈비에 있었던 것은 내가 태어나기도 훨씬 전이었기 때문이다. 나는 쓴웃음을 지었지만, N씨는 그

리운 듯이 말했다. "나는 마닐라에서 10년 동안 살았어요. 맥아더 장군이 '일본과 미국이 곧 전쟁을 하게 될 텐데, 일본이 질 테니 지금 당장 철수하라'고 했어요. 그 말이 정확히 맞아떨어졌어요. 일본은 멍청해." 악의 없이 순수한 N씨와 이야기를 나누다 보면 전쟁 이야기를 해도 분위기는 온화했다. 이러한 N씨에게 어찌된 일인지 휠체어를 타는 M씨가 호감을 갖게 된 것 같았다(눈이 불편해서 얼굴은 잘 보이지 않아도 느낌으로 알 수 있었을 것이다). N씨도 싫지 않은 듯 보여, 두 사람을 같은 테이블에 앉히면 분위기가 좋았다.

어느 날 M씨가 드디어 마음을 먹은 듯 N씨에게 줄 선물을 들고 데이케어센터에 나왔다. 그런데 하필 그날 N씨는 몸이 좋지 않아 결석했고, 다음 방문 예정일에도 오지 않았다. M씨는 재회할 날을 손꼽아 기다렸지만, 안타깝게도 N씨는 이후 데이케어센터에 오지 않았다. 자택에서 돌아가셨던 것이다. 물론 M씨에게는 그 사실을 알리지 않았지만, 무언가를 감지했는지 M씨도 서서히 식욕을 잃었고 얼마 지나지 않아 세상을 떠났다. 마치 N씨의 뒤를 따라간 것처럼.

99세의 걱정거리

데이케어센터에 오는 사람들 중 최고령은 99세의 여성 T씨였다. T씨는 매우 건강해서 지팡이 없이도 잘 걸을 수 있을 정도였고 정신도 또렷했다. 물론 나이에 따른 변화로 등은 둥글게 굽었고 얼굴에는 무수한 주름과 기미가 있으며 턱이 조금씩 떨리고 말도 느릿느릿했다. 내가 T씨에게 "여기 이용자 중에 할머니가 최고령이세요"라고 얘기하면, "그래요? 내가 제일 나이가 많은가요? 폐를 끼치고 있네"라고 대답하면서도 미안한 기색은 전혀 없어 보였다.

귀가를 위해 셔틀버스를 기다리는데 마침 T씨가 혼자 계시기에 옆자리에 가 앉으면서 "요즘 신경 쓰이는 일이나 걱정은 없으세요?"라고 물었다. 무심코 던진 질문이었는데 전혀 예상 밖의 대답이 돌아왔다.

"걱정? 굳이 얘기하자면 일본의 장래가 걱정이지." 놀라서 자세히 물어보니 일본의 저출산이 걱정된다는 것이었다. "최고령인 내가 말하기는 좀 뭐하지만, 노인이 너무 많아지는 것은 국가적으로 별로 좋지 않잖

아. 옛날에는 어느 집이나 아이가 대여섯 명씩은 있었는데. 지금처럼 아이는 줄고 노인만 많아지면 나라의 힘이 약해져요. 언젠가는 다른 나라에 추월당할지도 모른다는 생각에 걱정이 된다우.”

어디서 그런 지식을 얻었냐고 물었더니 신문이나 TV를 보면 알 수 있다는 대답이 돌아왔다. 무심코 “아주 똑똑하십니다!”라고 감탄하자, T씨는 담담하게 이렇게 말했다. “지금도 가끔 손주들에게 밥을 해줄 때가 있어. 내가 먹고 싶은 것이 아니라 손주들이 좋아하는 음식을 먹이고 싶어서 이번에는 무엇을 먹일까 생각하며 잠자리에 들곤 해. 나는 이제 나 자신에 대한 걱정은 전혀 없어. 두 아들과 손주들이 가정을 잘 꾸려가고 모두 건강하고 사이좋게 잘살고 있으니까 얼마나 다행이야. 얼마 전 증손주가 유치원에서 학예회를 한다고 해서 내가 의상 바느질을 해줬던 게 기억이 나는데, 그 녀석이 벌써 대학생이 되었다니까.”

감사하는 마음을 잊지 않고, 나이가 들어도 사회에 대한 관심을 유지한 채 정정하게 살아가고 있는 T씨에게 감탄이 절로 나왔다.

나이 자랑

어린아이가 아니라면, 사람은 누구나 젊어 보이고 싶어한다. 라쿠고(일본의 전통 코미디. '라쿠고카'(落語家)라 불리는 이야기꾼이 혼자 무대 위에 앉아 몸짓과 입담만으로 이야기를 풀어간다_번역자주)의 '아이 칭찬'도 그러한 심리를 그린 것이다. "○○는 어리네요. 어떻게 봐도 ××살 안짝이네요"라고 실제 나이보다 젊게 말함으로써 상대방을 기분 좋게 해준다. 그런데 아흔을 넘기면 갑자기 이런 상황에 변화가 찾아오는 것 같다.

어느 날 문득 정신을 차려보니, 아흔 살을 넘긴 초고령의 어르신이 되어 있다. 주변 지인이나 친척을 둘러봐도 나만큼 오래 산 사람은 별로 많지 않다. 살아남은 자의 자신감이라고나 할까. 이때까지 잘도 살아남았다고 스스로를 칭찬해주고 싶은 마음이 드는 것 같다. '이전에는 언제 죽음이 찾아올지 모른다는 불안감에 휩싸여 있었다면, 이제는 벌써 이렇게 오래 살았으니 앞으로 얼마나 더 살 수 있을지 기대가 된다'는 식으로 마음가짐이 완전히 바뀌는 사람도 있다. 그럼 나이를 먹는

것이 오히려 기쁨이 되어 더욱더 자신의 나이를 자랑하
게 된다.

아흔넷의 N씨는 전형적으로 고령의 나이를 과시
하는 여성이었다. 등이 다소 굽었지만 지팡이 없이도 잘
걸었고 정신도 비교적 멀쩡한 편이었다. "잘 지내시죠?"
인사를 건네면, 귀가 잘 들리지 않아 큰 목소리로 "이제
전혀 들리지도 않아"라며 손을 내저으면서도 눈에서는
반짝반짝 빛이 났다. "아니에요. 그 정도 걸으시는 것도
훌륭하신걸요"라고 칭찬하며 무심코 "전혀 아흔넷으로
는 안 보이세요"라고 덧붙이면, 얼굴을 똑바로 쳐다보
면서 "아흔다섯인데!"라고 세는 나이로 정정하곤 했다.
N씨가 세는 나이를 사용하는 것은 오랜 습관이라기보
다는 조금이라도 숫자가 많은 것을 선호하기 때문인 것
같았다.

교토에서 태어난 K씨도 나이 자랑을 하며, 데이
케어센터에 오면 옆자리에 앉은 사람에게 "부인, 몇 살
이요?"라고 묻는 것이 일상이었다. 귀가 잘 들리지 않
아 상대방의 대답이 들리는지는 모르겠지만, 개의치 않
았다. 그리고 "나는 이제 아흔셋이라오. 이젠 다 늙어서

할아버지가 되어버렸네. 하하하!"라고 매번 멋있는 척 말하며 특유의 너털웃음을 터뜨렸다.

'댄디한 할아버지' S씨도 못지않게 나이 자랑을 하는 분이었다. 로비에서 돌아가는 셔틀버스를 기다리거나 할 때면 "이제 (세는 나이로) 아흔여섯이나 먹어서 짐만 될 뿐이네. 아무 쓸모가 없어"라고 부끄러운 듯이 말한다. 그러다가도 "저승에서 일찍 마중 나오실 줄 알았는데, 죽는 것도 내 마음대로 안 되는군. 하하하"라며 활기찬 모습을 보여주었다.

중국인 R씨는 89세 여성인데, 셔틀버스에 동승한 직원에 따르면 "내가 앞에 앉을 거야. 우리 집에 먼저 가자. 더 빨리 달려봐. 그쪽 말고 이쪽 길로 가라고!" 하는 등 지나치게 주문이 많은 분이었다고 한다. 그런데 어느 순간부터 갑자기 얌전해졌는데, 동승하는 승객 중에 자신보다 나이가 많은 사람이 있다는 걸 알고 나서부터였다고 한다. 그 전까지는 자신이 제일 나이가 많으니 당연히 특별 대우를 받아야 한다고 생각했던 모양이다.

한편, 나이를 자랑하는 노인들은 본인의 나이가 많다고 자랑하면서도, 정작 그 나이의 의미는 제대로 이해하지 못하는 것 같다. N씨가 입으로는 "난 이제 쓸모가 없어, 가망이 없다구" 말하면서도, 정작 자신의 노화에 대해서는 납득하지 못했다. 손가락이 저린다거나 무릎이 아프다고 호소하면서 "대체 왜 그런 거야?"라며 고개를 갸웃거리곤 했다. "어디가 아픈 건가?" 그럼 나는 "어디 하나 나쁘지 않아요. 오래 쓰다 보면 자연스럽게 그렇게 되는 거죠"라고 대답하지만 N씨는 여전히 이상하다는 듯 "하지만 작년까지는 아무렇지 않았는데" 하는 것이었다.

그것은 작년까지의 행운을 기뻐해야지, 언제까지나 무증상인 것이 당연하다고 생각하는 것은 잘못된 생각이다. 하지만 그런 직언은 할 수 없으니 나는 찜질이나 진통제 등의 적당한 처치로 상황을 모면한다.

데이케어센터의 이야기는 아니지만, 내 아버지가 생존해 있을 당시, 동네의 노포 소바집에 가면 선대 주인이 계산대에 서 있었다. 아버지를 보고 "올해 몇이세요?"라고 물었고, 아버지가 "여든다섯입니다"라고 대답하자 "젊으시네요. 저는 이제 아흔입니다"라고 겸손한 척하며, 정말 행복하다는 듯이 이야기했다. 그분을 지켜보았더니, 자신보다 젊어 보이는 노인을 발견하면 나이를 묻고 "젊으시네요. 저는……" 하고 반복해서 말했다. 나이 자랑이란 게 참 기분 좋은 일인가 보다.

죽고 싶다는 끈질긴 욕망

노인 데이케어 클리닉에서는 지병이 있는 이용자들의 건강 관리와 (노골적인 표현이지만) 매출 증가라는 두 가지 목적을 위해 정기적으로 혈액 검사와 흉부 엑스레이 촬영을 진행했다. 그리고 진료실에서 검사 결과를 설명했다.

Y씨(88세, 남성)는 가벼운 빈혈과 간 기능 장애가 있어 3개월마다 검사를 받고 있었다. "이전이랑 달라진 건 없어요. 걱정 안 하셔도 되겠네요." 내가 혈액검사 결과에 대해 말하자 Y씨는 깊이 한숨을 내쉬며 "그렇군요. 그럼 아직 죽지 못하겠네요"라고 중얼거렸다.

혈액검사 결과가 좋으면 기뻐하는 것이 일반적이지만, 데이케어센터 이용자들은 반대의 반응을 보이는 경우가 적지 않다. Y씨는 입버릇처럼 "저승에서 왜 얼른 데리러 오지 않을까요?"라고 중얼거렸고 "의사 선생님, 갑자기 죽을 수 있는 약은 없나요?"라는 질문도 자주 했다. 농담이나 말장난이 아니었기 때문에 대답하기 곤란해서 "왜 그런 생각을 하세요?" 하고 물으면 Y씨는 자조 섞인 목소리로 이렇게 대답했다. "이 늙은이, 살아도 별수 없어요. 폐만 끼칠 뿐이지." "폐만 끼치다니요. 그렇지 않아요. 선생님은 젊은 시절부터 열심히 살아왔으니 이제는 주변 사람들에게 도움을 받는 겁니다. 다들 그런 차례가 오니까요."

Y씨는 지팡이만 짚으면 걸을 수 있고 화장실도 혼자 갈 수 있기 때문에 간병이 많이 필요한 정도는 아니며, 함께 사는 아들 가족들도 간병에 적극적이어서 귀찮아하는 것처럼 보이지도 않았다. 하지만 가족들이 친절하게 대할수록 Y씨는 마음의 부담을 크게 느끼는 것 같았다.

E씨(89세, 여성)는 셔틀버스에서 내린 직후 가슴이 아프다며 쓰러졌고 진료실로 옮겨져 심전도를 찍었다. 심실성 부정맥이었다. 서둘러 항부정맥제 주사를 맞고

의식을 회복했다.

　　내가 "이제 괜찮아요. 다행이에요"라고 말하자 E 씨는 멍하니 천장을 바라보며 "그렇군요. 죽지 못했나요?"라며 깊이 낙담한 표정을 지었다. 내가 "그런 말 하지 마세요. 살아 있으면 좋은 일도 생길 거예요"라고 말하자 E씨는 눈을 부릅뜨고 나를 노려보며 "좋은 일 따위는 없어요"라고 쉰 목소리로 단언했다. 나는 할 말을 잃었다. E씨는 아들 가족과 함께 살고 있었는데, 아들이 며느리와 사이가 좋지 않아 힘든 상황에 처해 있었다. "그런 집에 돌아갈 바에야 차라리 죽는 게 훨씬 나아요." 할 말이 없었지만, 그렇다고 눈앞에서 살릴 수 있는 사람을 죽게 내버려둘 수는 없지 않은가. 하지만 그것은 일종의 자기방어였는지도 모른다. E씨를 진심으로 생각한다면, 죽게 내버려두는 편이 낫지 않았을까 하는 일말의 망설임이 있었던 것도 사실이다.

　　이 두 사람처럼 심각하지 않더라도 죽고 싶은 욕망을 가진 데이케어센터 이용자는 드물지 않았다. K씨 (78세, 여성)는 지팡이를 짚긴 하지만 허리도 굽지 않고 비교적 건강한 편이었다. 파킨슨병으로 포커페이스를 하고(파킨슨병 환자들은 얼굴 표정이 줄어들어 마치 가면을 쓴 것처럼 되는 가면안 증상을 보인다) 목소리도 낮아서 감정이 잘 드러나지 않았다. 어느 날 K씨의 흉부 엑스레이에서 의심스러운 그림자를 발견했다. 폐암일지도 모른다는 생각에 정밀검사를 권유했다. 불안감을 없애기 위해 "그 정도로 걱정할 일은 아닙니다"라고 덧붙이자, "걱정은 안 해요. 언제 죽든 상관없으니까"라고 K씨는 눈썹 하나 까딱하지 않고 대답했다. 언제 죽어도 상관없다고 말하는 사람에게 추가 검사를 권하는 것이 옳은 일인지 망설이면서 "정밀검사는 어떻게 하시겠습니까?"라고 물었더니, "선생님이 받으라고 하면 받겠다"는 대답이 돌아왔다. 마치 검사를 받는 것이 나를 위한 배려인 것처럼 말했나. 결국 당분간 지켜보기로 하고 몇 차례 엑스레이 촬영을 반복했지만, 다행히 그림자는 커지지 않았고 증상도 악화되지 않았다.

점심 식사 후 쉬는 시간에 데이케어실에 가면 이용자들이 차를 마시며 이런 이야기를 곧잘 한다. "고통 없이 갑자기 덜컥 죽는 방법은 없을까?" "아침에 눈을 떴는데 그대로 갑자기 죽는다면, 그보다 더 좋은 건 없을 거야.” “넘어져 머리를 부딪쳐서 그대로 세상을 떠나면 좋을 텐데.” “도로에서 트럭에 뻥 치이면 그 즉시 죽을 수 있지 않을까?”

데이케어센터에 출석하는 노인들에게 죽음은 일종의 동경, 혹은 구원 같은 측면이 있는 것 같았다.

‘죽어라’가 아닌 ‘죽을 수 없다’는 심술

나는 노인들이 죽음을 긍정적으로 바라보고 있다는 것을 데이케어센터의 게임 프로그램을 통해 확인할 수 있었다. 이용자들이 두 팀으로 나뉘어 풍선을 옆 사람에게 차례로 넘겨주는 게임이었는데, 앞에서 풍선을 받은 사람은 다음 차례 사람의 등 쪽으로 건네고, 등 쪽에서 풍선을 받은 사람은 다음 사람의 배 쪽으로 건네주어야 했다. 자칫 조급한 마음에 풍선을 받지 못하거나, 서로 번갈아가며 건네는 것을 잊어버리는 등의 실수를 유발해서 웃음을 자아내기도 했다. 하지만 이기고 지는 게임이다 보니, 가끔씩 이용자들끼리 열띤 경쟁을 벌이기도 했다.

가만히 지켜보니, 할머니 한 분이 풍선을 몇 번이나 떨어뜨렸고 그때마다 그녀가 속한 팀이 졌다. 그러자 평소 못되게 굴던 할머니 한 분이 풍선을 떨어뜨린 그 할머니에게 "너 때문에 또 졌다"면서 심하게 나무랐다. 그러자 풍선을 떨어뜨린 할머니는 당황하며 "아, 미안합니다. 나 때문에 졌어요. 이제 죽어버려야겠어"라고 말했다. 그러자 상대 할머니가 이렇게 호통치는 것이었다. "그런 말 해도 소용없어. 너 따위는 그렇게 간단히 죽을 수 없지!"

보통 화가 나면 '죽어라'는 식의 욕이 나오기 마련이다. 그런데 그 자리에서는 '죽을 수 없다'는 말이 못된 욕처럼 쓰였다. 나는 이 모습을 보면서 묘한 기분이 들었다. 죽음이 마치 바람직한 것으로 인식되고 있었으니까.

아직 오래 살지 않았고, 삶이 아깝다고 생각하는 사람에게는 이해하기 어려운 이야기일 수 있다. 하지만 계속 죽지 않고 살아가는 것은 실제로 힘들고 고통스러운 일이다.

노인의료나 말기 암을 다루는 의료 현장에서 가

혹하고 비참한 연명치료를 목격하면 그 사실을 실감하게 된다. 그렇다면 적당한 시점에 잘 죽는 것이 바람직할 텐데, 언제까지나 살고 싶은 욕심이 있는 사람은 좀처럼 그쪽으로 마음이 기울지 않는 것 같다. 죽음에 대한 준비가 불쾌하게 느껴질 수 있다. 하지만 아무런 준비 없이 편안하게 지내다가 막상 죽음이 눈앞에 닥쳤을 때, 잘못된 선택을 해 후회가 남는 죽음을 맞이하는 사람들을 무수히 봐온 나로서는 이보다 안타까운 일이 없다.

바다보다 깊은 노인 우울증

우울증에는 특별한 이유 없이 기분이 가라앉는 '본태성 우울증'과 힘들고 슬픈 일로 인해 기분이 침울해지는 '반응성 우울증'이 있다. 노인의 경우, 반응성 우울증이 압도적으로 많다. 왜냐하면 '노화'에는 힘들고 슬픈 일이 많기 때문이다.

데이케어센터에 이용자들이 모이면 나는 테이블을 돌며 인사를 한다. "좋은 아침입니다. 오늘 몸 상태는 어떠신가요?” 이 물음에 온갖 불평과 한탄이 쏟아져 나온다. 허리가 아프다, 손이 떨린다, 입이 마른다, 기침이 멈추지 않는다, 숨이 차다, 건망증이 심하다, 어지럽다, 귀가 먹먹하다, 변이 나오지 않는다, 변이 묽다, 두통이 왜 생기느냐, 다리저림은 어떻게 해야 고칠 수 있느냐, 이런 병을 짊어질 줄 몰랐다, 걷지 못하게 될까 봐 두렵다, 기저귀를 차느니 차라리 죽는 게 낫다, 노환으로 병상에 누워만 있게 되면 어쩌지, 손 마비는 이제 고칠 수 없느냐, 나이 먹으면 제대로 되는 게 하나도 없다, 아내도 손자도 나를 싫어하고, 개도 나를 싫어하고, 좋은 일이 하나도 없다, 괴로움만 있다, 어떻게 되든 상관없다, 빨리 죽어버리고 싶다 등등. 듣는 사람까지 기분이 가라앉는다.

고통이나 불운이 닥쳐도 마음의 준비가 되어 있는 사람은 쉽게 우울증에 걸리지 않는다. 마음의 준비가 되어 있지 않은 사람, 즉 언제까지나 젊고 건강할 것이라 생각했던 사람은 ‘왜 내게 이런 일이 일어났을까?’ 하는 쓸데없는 한탄을 하면서 반응성 우울증에 걸릴 위험이 높아진다. 나는 노화에 대한 온갖 미사여구, 무책임한 허위 정보는 정말이지 죄악이라고 생각한다.

나이가 들면 노화 현상 외에도 질병에 대한 걱정과 두려움이 생긴다. 나이가 들면 어딘가 아픈 게 당연하다고 생각하는 사람은 비교적 쉽게 받아들인다. 하지만 그렇지 못한 사람은 병에 걸리기 전부터 참을 수 없는 고통에 시달린다.

한국인 L씨(80세, 남성)는 덩치도 크고 살이 통통한 편이었지만, 가족들은 그를 '종합병원'이라고 불렀다. 실제로 진단받은 병은 없었지만, 종합병원의 진료과만큼이나 다양하고 많은 불편함을 호소했기 때문이다. 데이케어센터에 와서도 자주 외래 진료실로 내려왔다. 식욕이 없다, 구역질이 난다, 밤에 잠이 안 온다, 오줌 냄새가 이상하다, 허리가 휘청거린다, 걸을 수 없게 될까 봐 두렵다, 병상에 누워만 있게 되면 곤란하다, 혼자서 화장실에도 갈 수 없게 되면 죽는 것밖에는 답이 없다 등등. 검사를 해봐도 별다른 이상이 없어서 "괜찮습니다"라고 말해도 납득하지 못했다.

"의사 선생님, 주사 좀 놔주세요. 선생님은 전문가잖아요. 우리 같은 사람은 모르니까 부탁드리는 겁니

다. 제발 주사를 놔주세요. 주사만 맞아도 좀 편해질 것
같아요."

　　이럴 때는 어떻게 해야 할까? 환자를 안심시키기
위해 포도당이나 비타민제를 주사해주는 것이 친절한
대응일 수 있다. 그러나 한 번 맞으면 습관이 되어 또다
시 부탁할 가능성이 크다. 게다가 당시 아직 젊은 축에
속했던 나는 그런 일시적이고 의학적으로 의미 없는 주
사에 대한 거부감도 있었다.

　　"주사를 놔드리려면, 어디가 안 좋으신지 알아야
해요. 어디가 불편하신가요?"라고 물으면, "목이 이상
합니다"라며 입을 크게 벌린다. 목에 별다른 이상은 없
다. "머리도 아파요. 무릎에 힘도 안 들어가고, 배가 당
기는 느낌이 들고, 손가락 끝이 저리고, 손톱이 얇아져
서 푸석푸석해지고, 가슴이 답답하고, 밤에 숨이 멈출
것 같아요." 그야말로 '종합병원'이 맞았다.

　　"아버님께 주사는 필요 없어요. 그리고 그 모든
증상에 효과가 있는 주사도 없고요." 내가 고개를 저으
며 말하자 L씨는 "그런 말 하지 말고. 제발 부탁드립니
다. 어떻게든 주사를 놓아주세요"라며 붙잡고 늘어졌

다. 마치 내가 L씨에게 못되게 굴고 있는 것 같은 기분
이 들 지경이었다.

부정적인 생각의 여왕

우울증에 걸리면 판단력과 결단력이 둔화되어
매사에 결정을 잘 내리지 못한다. T씨(81세, 여성)도 우울
증으로 사고가 겉돌면서 결정을 내리지 못하는 상태가
되었다. 그녀는 사흘 전쯤 혀끝이 갈라지면서 식사를
할 수 없었다. 그러면서 이 일로 몸이 약해지지 않을까
걱정했다. 그리고 이어서 함께 사는 아들네 가족이 여
름방학을 이용해 2박 3일 여행을 갈 계획이 있다는 것
을 또 걱정했다.

"아들과 며느리에게 잔뜩 폐를 끼치고 있어서 기
분전환 삼아 여행을 다녀오게 하고 싶어요. 하지만 아들
이 없으면 저는 불안해서 견딜 수가 없어요. 그런데 그
런 말을 하면 아들 내외가 여행을 취소해버리겠죠. 기분
좋게 여행을 다녀오라고 하고 싶은데, 아들이 곁에 없으

면 너무 걱정이 돼요. 게다가 혀끝이 갈라져서 며느리가 특별히 만들어준 식사가 아니면 먹지도 못해요. 애써 만들어준 음식인데, 혀가 갈라져서 맛도 못 느끼는 게 미안하기도 하고요. 그렇지만 안 먹으면 몸이 약해지고, 그러다가 쓰러지기라도 하면 아들 내외에게 부담을 줄 테고, 기저귀라도 차게 되면 돈이 더 들 테니까요. 저는 한밤중에도 몇 번씩 깨요. 악몽도 꾸죠. 결혼식이 시작되는데, 전 옷을 갈아입지 못해서 어떻게 해야 하나 마음 졸이다가 눈을 번쩍 떠요. 다시 꾸벅꾸벅 졸다가 같은 꿈을 꾸고, 스스로는 아무것도 할 수 없는데 걱정만 커져서……" 쉽게 위로할 수도 없고, 상황을 개선할 수도 없으니 그저 경청하며 한숨을 내쉴 수밖에 없었다.

　　B씨(79세, 여성)는 극도로 비관적인 성격으로, 태어나서 지금까지 한 번도 크게 웃어본 적이 없는 사람이었다. 건강한 데다 특별히 불행하거나 한 것도 아닌데, 데이케어센터에서도 "왜 나만 이렇게 힘든 일을 겪어야 하느냐!"고 자주 투덜거렸다. 하루는 계속 기침을 한다고 해서 흉부 엑스레이를 찍었는데 결과를 듣는 것이 무섭다면서 진찰실로 내려오지 않았다. 데이케어룸으로

찾아가니, 내 얼굴을 보자마자 "어차피 안 좋죠? 이미 고칠 수 없죠?"라고 각오를 다진 듯한 표정으로 확언했다. 엑스레이 사진에 이상이 없어서 "이상 없었어요. 괜찮아요"라고 말하자 "정말요? 정말? 사실은 안 좋은데 숨기는 거 아니야?"라며 의심의 눈초리로 나를 바라보았다.

나는 진찰실에서 엑스레이 사진을 가져와 창문에 대고 "보세요, 어디에도 그림자가 없어요. 폐는 깨끗합니다"라고 증거를 보여주었다. 그러자 B씨는 보면서도 모르겠다는 듯이 요모조모 자세히 살펴보며 이렇게 중얼거렸다. "폐는 깨끗해도 다른 데가 안 좋은 거 아냐?" 폐에 문제가 없으면 다행이라 생각하면 될 텐데, 금세 또 다른 걱정을 시작했다. 다행히 엑스레이와 동시에 진행한 혈액 검사와 심전도 검사도 이상이 없었기 때문에 나는 "괜찮습니다. 머리끝부터 발끝까지 어디에도 이상이 없어요"라고 틀림없다는 듯 말했다. 이제 안심이 되나 싶었는데, B씨는 내게 힐끗 곁눈질하더니 이렇게 말했다. "지금은 괜찮아도, 앞으로가 문제지. 내일은 어떻게 될지 모르니까."

나는 B씨가 이렇게까지 부정적인 생각을 계속할 수 있다는 게 오히려 대단하다고 생각했다. 매사 부정적으로 생각하는 데는 타의 추종을 불허하는 사람이었다. 본인도 불쾌한 것처럼 보이지만, 사실은 그런 사고방식을 좋아하는 것일지도 모르겠다고 생각했다.

배설, 골치 아픈 필연

고령자 세계에서 골치 아픈 것이 있다. 바로 배설의 문제다. 젊은 세대에서는 매우 일상적으로 이루어지는 배설이 고령층에서는 쉽지 않다.

배설 행위는 먼저 요의, 변의를 느끼는 것에서 시작된다. 노인들은 방광과 직장의 감각이 무뎌져 있기 때문에 요의와 변의를 느끼는 것 자체가 어렵다. 소변이나 대변이 쌓여도 새지 않는 것은 방광과 항문에 괄약근이라는 출구를 조여주는 근육이 있기 때문이다. 그런데 나이가 들어감에 따라 이것이 느슨해진다. 소변이 괴어 있는데도 느끼지 못하고 출구가 느슨해지면, 새는 것은 당연한 이치다. 노인의료에 종사하고 나서 처음 알게 된 사실이지만, 노인들의 대변은 유난히 냄새가 심하다. 직장수지검사나 관장 등을 할 때 조금이라도 코로 숨을 들이마시면, 나도 모르게 헛구역질을 할 정도다.

　기저귀에 배변하는 것은 그렇다 치더라도 뜻하지 않게 변이 새는 것은 참으로 곤란한 일인데, 데이케어센터에서 자주 있는 일이 바로 입욕 중 배변을 해버리는 것이다. 뭔가 냄새가 난다 싶으면 샤워 의자 밑에 변이 쌓여 있기도 하고, 욕조에서 나른한 시간을 보내고 있구나 싶으면 등 쪽에서 변이 둥둥 떠오르기도 한다. 그럼 목욕을 중단하고 창문을 열어 대청소를 한 후, 물을 다시 채운다. 치매에 걸리면 변에서 냄새가 난다는 감각조차 사라진다. 그리고 변이 더럽다는 인식도 사라져서 점토처럼 반죽하거나 바지주머니에 넣어버리기도 한다. 이른바 '농변'(弄便, 변을 문대거나 변을 가지고 노는 것)으로 치매 간병의 최대 난관으로 불린다.

　치매가 아니더라도 배변 문제는 마음을 무겁게 짓누르는 고민거리다. M씨(78세, 남성)는 변비로 오랫동안 고생하고 있었다. "지금까지는 나흘에 한 번씩만 대변을 봐서 적다고 생각했는데, 요즘은 닷새, 엿새가 되어도 안 나오더라고요. 초등학교 때 대변은 매일 봐야 한다고 배웠는데, 5일이 지나도 안 나오는 건 이상하죠. 이대로 가다가는 장이 파열되는 건 아닌지 걱정이 돼 견딜 수가 없어요. 아래에서 나오지 않는데 위에서 넣으면 안 된다고 생각해서 한동안 제대로 먹지도 못했어요. 관장도 해봤지만, 부드러운 즙 같은 것이 나올 뿐, 변이라고는 할 수 없었고요. 예전에는 약을 먹으면 나왔는데 요즘은 약도 안 듣는 것 같아요. 어떻게 된 거죠?"

외래 진찰실에서 계속 자신의 걱정을 호소하는 M씨에게 나는 약의 효과는 상황에 따라 달라진다는 것, 관장을 해도 나오지 않는 것은 변이 직장까지 내려오지 않았기 때문인데 먹지 않으면 변이 나오지 않는다는 것, 대변은 매일 나오지 않아도 되고 5일 동안 변을 보지 못해도 복통이나 메스꺼움이 없으면 문제없다는 것 등을 찬찬히 설명했다.

"그래요?" 하고 납득하는 듯했지만, 곧 다시 변비 이야기로 돌아갔다. "변비의 고통은 누구도 이해하지 못해요. 한밤중에도 너무 괴로운 나머지 이리 뒹굴, 저리 뒹굴 하다가 결국 고통을 못 견디고 마구 소리를 지르면 가족들이 화를 냅니다. 화장실에 틀어박혀 죽을 힘을 다해 버티다가 드디어 닷새째 되는 날에야 겨우 조금 나와요. 너무 힘들어서 미쳐버릴 것 같아요. 그러다 가끔은 산책 중에 갑자기 변이 마렵다는 생각이 들기도 해요. 그러면 집으로 돌아오는 길에 참지 못하고 바지와 속옷을 더럽혀서 또 가족들을 화나게 하고요.”

대변뿐만 아니라 소변에도 문제가 있어서 괴로운 모양이었다. “소변이 마려우면 화장실까지 가는 동안도 참을 수가 없어요. 그래서 음경 끝을 꽉 움켜쥐고 뛰어가도 나와버려요. 그래서 낮에는 일회용 종이 팬티를 입고 있어요. 밤에는 간이 소변통을 쓰는데, 음경이 잘 들어가지 않고 빠져서 또 아내에게 혼이 납니다. 저도 화가 나지만 어쩔 수 없어요. 차라리 죽는 게 낫다니까요!”라고 몸부림친다.

“밤에도 기저귀를 차면 어떨까요?”라고 권유하면 “아니요, 그건 정말 싫어요. 그렇게 살고 싶지 않아요”라고 말하며 버럭 화를 내고 거부한다. “선생님, 역시 세월엔 장사 없나요. 마음은 뛰고 있는데 아무리 해도 몸이 따라주지 않아요. 아내와 아들은 대체 언제까지 살 거냐고 말하지만, 저는 저대로 계획이 있어요. 아직은 저도 쓸 만합니다. 죽기엔 아까워요."

그렇게 말하며 M씨는 담담한 미소를 얼굴에 띄웠지만, 배변 고민은 끝날 것 같지 않았다.

제2장

만만찮은 치매 노인

'노인성 치매'에서 '인지증'으로

일본에서도 얼마 전까지는 '노인성 치매'라는 진단명을 사용했다. 그런데 2004년 후생노동성은 치매를 '인지증'으로 개정하기로 했다. 일본인 특유의 온화한 표현으로 바꾼 것이다. '치매'라는 단어가 환자를 비하한다고 생각했기 때문이다. 여담이지만 '조현병'도 예전에는 '정신분열증'이라고 불렸지만, '정신'이 '분열'되어 있나는 말이 인격을 부정하는 듯한 어감을 준다고 해서 명칭이 변경되었다.

환자에 대한 배려가 담긴 표현이기는 하지만, 실체를 가린다는 측면도 있어서 나는 그리 선호하지 않는다. '인지증'이라는 단어도 원래는 '인지장애'라고 불려야 한다. 그런데 이 질병의 세부 증상 중 '인지장애'가 있어서 어쩔 수 없이 '인지증'이라는 병명이 된 것이다.

지금은 정착되어 어느 정도 익숙해졌지만, 처음 이 용어를 쓰기 시작했을 때는 의미를 알 수 없어서 매우 생소하게 느껴졌다.

그런데 이러한 대체 표현은 예상치 못한 효과를 가져왔다. 그동안 부모님의 상태를 걱정하며 진료에 동행한 아들이나 딸에게 지능평가척도 결과를 보여주며, "노인성 치매일 가능성이 있습니다"라고 말하면, "그럴 리가 없습니다. 아버지(어머니)는 돈 계산도 정확히 하시고 전화번호나 생일도 잘 기억하신다고요"라며 반박하는 경우가 꽤 있었다. '깜빡깜빡'(이 단어의 어감도 부적절하다고 생각하지만)이라고 불리는 시간대에 따라 증상의 정도차가 큰 혈관성 치매의 경우, 가족들은 상태가 좋은 때를 기준으로 삼기 때문에 척도 결과는 단순히 컨디션이 나빴을 뿐이라고 생각하는 것 같다. 게다가 자신의 부모가 '치매'라는 사실을 인정하는 것에도 강한 거부감이 있었다.

하지만 '인지증'으로 바꾼 뒤에는 "인지증이 의심됩니다"라고 가족들에게 말하면 "그럼 어떻게 해야 하나요?"라고 담담하게 받아들이게 되었다. 단어가 모호해진 만큼 거부감이 적어진 것이다. 지금은 '인지증'이라는 단어가 정착되어 다시 거부감이 커졌을 수도 있다(우리나라에서는 '치매'라는 진단명이 쓰이고 있으므로, 이 책에서는 '인지증' 대신 '치매'로 표기했다).

코미디가 따로 없는 '치매 판정'

치매 진단은 본인이나 가족에 대한 문진, CT 스캔이나 MRI 등의 영상진단 외에 인지 기능을 검사하는 테스트를 실시한다. 내가 사용했던 것은 '하세가와식 치매척도'(HDS-R, 개정된 하세가와식 간이지능평가, 부록 참조)다.

'하세가와식 치매척도'는 나이를 묻고 단기기억과 상기능력을 검사하는 것으로, 30점 만점 중 20점 이하이면 치매 가능성이 있다고 판단한다. 고약하다고 생각할지도 모르겠지만 나는 진료할 때 어르신들에게 이 테스트를 하는 것이 꽤나 재미있었다. 치매 노인들은 가끔 생각지도 못한 엉뚱한 대답을 내놓는데, 일본의 전통 코미디 공연을 관람하는 기분이 든다.

예를 들어, "우리가 지금 있는 곳은 어디입니까?"라고 물으면(3번 문항) 한 어르신은 왜 그런 질문을 하느냐고 고개를 갸웃거리며 "여기요?"라고 대답했다. 6번 문항의 '내가 지금부터 말할 숫자를 거꾸로 말해주세요'라는 질문에는 "왜 그런 걸 해야 하느냐!"며 불쾌한 표정을 지었다. 8번 문항에서 "지금부터 다섯 가지 물건을 보여드리겠습니다. 그리고 그것들을 숨기겠습니다"라고 말하자 "뭐? 숨긴다고? 못된 놈!"이라며 비난하기도 했다. 숨긴 물건을 확인하기 위해 100엔짜리 동전을 보여주며 "이것은 무엇입니까?"라고 물으면, "10센(옛 화폐단위로 가치는 엔의 100분의 1이다)짜리 동전"이라고 대답하는 경우도 있었다. 9번 문항에서 "아는 채소 이름을 최대한 많이 말해보세요"라고 하면, "채소 말이죠? 채소는…… 많이 먹고 있습니다"라고 엉뚱한 대답을 하기도 하고, "채소는 당근, 시금치, 나물무침, 계란국"이라고 중간에 요리로 바꾸기도 했다.

어떤 할머니는 8번 문항까지 거의 대답을 못 해서 중증 치매라고 생각했다. 그런데 마지막 9번 문항에서 아는 채소 이름을 말해보라고 했더니 "감자, 고

구마, 토란, 새끼토란, 참마"라고 뿌리채소만 다섯 개나 이야기했다. 그래서 "다른 채소도 좀 더 말해달라"고 하니 열 개로도 멈추지 않고 계속 답해서 깜짝 놀란 적이 있다. 그래서 동행한 가족에게 물어보니 그 할머니는 채소가게 안주인으로 평생을 살아왔다고 했다.

치매 진단의 애매모호함

데이케어 병설 클리닉에는 영상진단 장비가 없어서 나는 주로 이 HDS-R로 치매 여부를 진단하여 노인들의 데이케어센터 입소를 결정했는데, 판단하기 정말 애매모호한 경우가 많았다.

우선 검사 대상자의 성격에 따라 점수가 크게 달라진다. 쉽게 긴장하는 사람은 당황하고 허둥대다가 평소에는 쉽게 답할 수 있는 질문에도 실수를 하는 경우가 많다. 성질 급한 사람, 남의 말을 잘 듣지 않는 사람, 어차피 안 된다고 자포자기하는 사람도 실제보다 점수가 낮게 나온다.

게다가 검사하는 방식에 따라서도 정답률이 달라진다. 생각하는 시간 10초를 아무 말 없이 기다리는 경우와 10초라고 말하고 기다리는 경우, 스톱워치로 재는 경우, 조급함을 느끼는 정도가 완전히 다르다. 스톱워치를 사용하면 그쪽에 신경이 쓰여 정답률이 현저히 떨어진다.

나는 노인 데이케어센터에 오는 치매 환자들에게 반년마다 이 검사를 반복해서 치매의 진행 상황을 확인했는데, 첫 검진 때보다 점수가 6점이나 오른 경우도 있었다. 이것이 데이케어의 효과라면 좋겠지만, 물론 그럴 리는 없다. 점수가 올라간 이유는 단순히 나와의 관계가 익숙해졌기 때문이다. 초진에서는 검사자인 나와 처음 만나 긴장했지만, 6개월 동안 데이케어룸에서 얼굴을 마주하고 말을 주고받으며 안정을 찾은 덕분이다.

반대로 HDS-R에서 높은 점수를 받았지만, 치매가 분명한 경우도 있었다. Y씨(76세, 남성) HDS-R 점수는 26점으로, 치매라고 진단하기에는 높은 점수였지만, 동행한 가족에 따르면 한밤중에 일어나 부엌에서 설탕을 모두 핥아먹거나, 관장을 하는 데 쓰는 좌약을 주면 먹는 약으로 착각해서 먹는다거나, 스웨터 위에 러닝셔츠를 입는 등의 이상행동을 한다고 했다. 그런 행동들로 보아 치매일 가능성이 높았지만, HDS-R 검사 결과로는 치매로 진단할 수 없어서 어떻게 데이케어에 입소시켜야 할지 고민스러웠다. 차트를 거짓으로 기록할 수 없으니 '치매 의심'이라고 써놓고 Y씨를 받아들였다.

치매의 종류와 특징

현재 알려진 치매의 종류는 '알츠하이머형', '루이소체형', '전두측두엽형', '뇌혈관성'으로 나뉘며, 혼합형도 볼 수 있다. 현재 그렇다는 것은, 앞으로 또 새로운 발견과 변화의 가능성이 있다는 말이다.

알츠하이머형은 아밀로이드 베타나 타우라는 단백질이 뇌 내에 쌓여 신경세포를 파괴함으로써 발생한다고 알려져 있다. 건망증이나 시공간 파악 능력 장애(지금이 언제인지, 여기가 어디인지, 상대가 누구인지 등을 알지 못하는 것)가 특징이다. 치매 중에 가장 흔한 형태이며,

전체의 약 60퍼센트를 차지한다.

　　루이소체형은 뇌의 신경세포 내에 생기는 루이소체라고 불리는 특수한 봉입체(세포의 세포질이나 핵 속에 있는 바이러스나 바이러스의 결정과 같은 입자)에 의해 신경세포가 사멸하여 발생하는 치매로, 실제로 존재하지 않는 사람이 보이는 등의 환각이나 과거로 돌아가는 듯한 망상, 파킨슨병처럼 움직임이 어색해지는 증상이 특징이다. 알츠하이머형은 여성에게 많지만, 루이소체형은 남성에게 많다고 알려져 있다.

　　전두측두엽형은 '픽병'이라고도 불리며, 이성적 사고와 이해력을 담당하는 전두엽과 언어와 청각을 담당하는 측두엽이 위축되어 발병한다. 자발성 저하, 행동 이상(소리를 지르거나 물건을 부수는 등), 성격 변화 등을 보이며 최종적으로는 인격 붕괴에 가까운 상태가 되는 골치 아픈 치매다.

　　뇌혈관성 치매는 뇌경색이나 뇌출혈 등 뇌혈관 장애로 인해 이차적으로 발생하는데, 뇌혈관 장애로 인한 사지마비를 동반하는 것이 특징이다. 주요 증상은 건망증과 판단력 저하다. 감정 컨트롤이 어려워져서 갑자기

울거나 화를 내는 '감정 실금' 증상이 나타나기도 한다.

이렇게 네 가지 종류의 치매가 일반적인 형태이다. 그러나 환자가 어떤 유형의 치매인지는 최종적으로 사망 후 뇌를 해부해보지 않으면 정확히 확인할 수 없다. 생전에는 증상을 통해 추정할 수밖에 없다. 정확한 진단이 이뤄지지 않으면 치료에 지장이 있지 않을까 걱정스러울 수도 있겠지만 크게 걱정할 필요는 없다. 어떤 유형의 치매든 현재로서는 치료 내용에 큰 차이가 없다.

'행복형'과 '심기불편형'

치매에도 여러 가지 유형이 있는데, 주변 상황을 이해하지 못해도 기분 좋게 항상 미소 짓는 '행복형'이 있는가 하면 짜증을 내고 고함을 지르며 때로는 주먹을 휘두르는 '심기불편형'도 있다. 전자는 알츠하이머형 치매에 많은 편이고, 후자는 뇌혈관성 치매에서 많이 발견된다. 같은 치매라면 '행복형'이기를 바라는 사람이 많겠지만, 당연하게도 어떤 유형이 될지는 스스로 선택할 수 없다. 내가 경험한 바로는 이 두 종류 외에도 다양한 양상이 있었다.

변비로 고생하던 M씨는 항상 데이케어센터에서 일찍 귀가하기를 원하고, 빠른 시간대의 셔틀버스를 태워달라고 요구했다. 가능한 한 그 요구를 들어주려고 노력했지만, 가끔은 늦게 출발하는 경우도 있었다. 그러면 불같이 화를 냈다. "왜 나만 항상 집에 갈 때 늦게 출발하는 거야? 차별하는 거야?" 내가 "어제도, 그제도, 일찍 출발했잖아요"라고 달래면, "아니야. 항상 늦게 출발했어. 더 이상 참을 수 없어. 나 혼자 집에 갈 거야"라고 머리에서 김이 피어오를 것 같은 기세로 분노를 쏟아냈다. 이른바 '분노형 치매'다.

어쩔 수 없이 아들에게 연락해 데리러 오라고 했지만, M씨의 화는 가라앉지 않았다. 그는 "나는 직업이 있어. 저기 은퇴한 노인네들하고는 다르다고. 내가 두 번 다시 여기에 오나 봐라!"라며 심한 말을 버럭 내뱉고 돌아갔다. 하지만 다음 주가 되면 아무 일 없었다는 듯이 다시 데이케어센터에 출석했다.

그러던 어느 날 M씨의 아내가 클리닉에 찾아와

남편을 시설에 입소시키고 싶다고 상담을 청해왔다. 더 이상 집에서 돌볼 수 없다는 것이었다. 아직은 시설에 입소하기에는 조금 이른 것 같아서 집에서의 상황을 물어보니, 화장실에 가는 타이밍을 놓쳐서 침실이나 복도에 오줌을 싸는 일이 빈번하다고 했다. 앞서 말한 절박성 요실금이라 조금은 동정심이 일었다. 하루에도 몇 번씩 소변이 마려운데, 그때마다 성기를 꽉 움켜쥐고 화장실로 달려가는 게 얼마나 괴로운 일이겠는가. 나도 언젠가 그런 일을 겪게 될 것을 상상하면 한숨이 절로 나온다. 이것도 자연스러운 노화현상 중 하나이기 때문에 아무도 장담할 수 없는 일이다. 물론 M씨의 잘못은 아니다. 그럼에도 그의 아내는 참을 수 없다는 듯한 말투로 말을 이어갔다. "제멋대로인 그 사람 때문에 지금까지 지독하게 고생했어요. 저는 이미 할 만큼 했어요."

　M씨는 항상 빗지 않은 비듬투성이 머리에 눈곱이 들러붙은 채로 데이케어센터에 왔다. 한눈에 봐도 가족들이 그에게 신경을 쓰지 않는다는 것을 쉽게 알 수 있었다. 하지만 본인은 늘 이렇게 말했다. "내가 없으면 가족들이 곤란해."

위압적으로 고함을 지르고 으스대면서 제멋대로 살아온 남자의 말년을 보는 것 같아 나 또한 자신을 되돌아보게 되었다.

곤혹스러운 '분노형'

U씨(84세, 남성)도 틀림없는 '분노형' 치매였다. 사소한 말 한마디에도 쉽게 화를 냈기 때문에 주위 사람들이 매우 곤란해했다. 하루는 집으로 돌아가려고 셔틀버스를 기다리는데, 한 할머니가 귀가 준비를 시작하는 U씨에게 "아직 시간이 이르다"고 말했다. 그런데 그 말이 거슬렸는지 U씨는 "건방지게 지껄이지 마!" 하고 소리를 질렀다. 상대 할머니도 성격이 만만찮게 억센 분이라 겁먹기는커녕 "당신한테 하는 말이 아니야!"라고 되받아치며 고개를 홱 돌려버렸다. 그러자 U씨는 "뭐야!"라며 그녀에게 주먹을 휘둘렀다. 옆에 있던 직원이 제지하며 뛰어들어서 큰일로 번지지 않고 무사히 넘어갔다. 지켜보다가 급히 달려온 내게 U씨는 얼굴을 붉히며 이

렇게 변명했다. "저는 이치에 어긋나는 것을 아주 싫어해요. 오랫동안 고베 효고 현에 살면서 자치회장도 했어요. 어려서는 고등소학교(오늘날 중학교 1·2학년에 해당)에서도 1등을 도맡아 했고, 군대에서도 준위로 근무했어요. 남에게 지는 것을 싫어하죠. 그래서 무엇이든 열심히 하고, 나쁜 짓은 전혀 하지 않습니다. 그런데 저 여자가 제가 나쁜 사람인 것처럼 말해서 매우 화가 났어요."

그의 변명이 이치에 맞는지 아닌지는 분명히 알 수 없었지만, 어쨌든 나는 경청하는 자세를 취했다. 그러다가 차츰 흥분이 가라앉으니 소리를 지른 것이 부끄러웠는지, U씨는 눈을 내리깔고 중얼거렸다. "저도 왜 이러는지 모르겠어요. 모두와 친하게 지내야겠다고 생각하는데, 생각하면 할수록 더 모르겠어요." U씨는 정상적인 판단이 '엉망진창'이 되는 경우가 많은 뇌혈관성 치매를 앓고 있었는데, 문득 제정신으로 돌아왔던 것 같다. 그가 우울해하는 모습에서 노년의 비애가 느껴졌다.

하지만 지속적 분노형 R씨(94세, 남성)의 경우는 슬퍼할 여유 따위는 없다. 오직 위험 방지에만 몰두해야 한다. 항상 화가 나 있기 때문에 왜 화를 내는지 알 수 없고, 달랠 방법도 없다. 눈앞에 무언가(컵, 명찰, 젓가락 등)가 있으면 그게 뭐든 던져버린다. 그리고 조금만 방심하면 화병에 담긴 물을 마시거나 휴지를 먹거나 젖은 기저귀에 손을 집어넣기도 했다. 제지하면 "내 마음이야!" 하며 몸을 부르르 떨고 화를 낸다.

'울보형'과 '정서불안형'

이유 없이 화를 내는 것도 곤란하지만, 말도 안 되는 이유로 울음을 터뜨리는 것도 곤란하기는 마찬가지다. A씨(79세, 여성)는 '지속적 울보형'으로 데이케어센터에 있는 내내 울고 있었다. "이제 돌아가게 해주세요. 아이가 걱정돼요. 유치원에 데리러 가야 해요." "그동안 수고 많으셨습니다. 이제 이별입니다. 헤어지는 게 괴롭지만 꼭 가야만 합니다." "낙엽이 왜 나무에서 떨어지는지 저는 모르겠어요. 너무 불쌍해요. 정원사님, 어떻게 좀 해주세요." A씨는 작은 목소리로 이런 말을 반복하며 계속 눈물을 흘렸다. 직원이 자리를 뜨면 휘청거리며 일어서서 돌아가려고 했다. 다리도 성치 않은 데다 눈물로 시야도 흐릿해서 언제 넘어질지 몰랐다. 상태가 좋지 않을 때는 하루 종일 직원이 옆에 붙어서 지켜봐야 했다.

또 다른 A씨(78세, 여성)는 '정서불안형'으로 명랑하게 웃고 있다가 갑자기 테이블에 엎드려 펑펑 울기 시작한다. 달랠 수 없을 만큼 큰 소리로 울어서 다른 방으로 모셔가려고 해도 응하지 않았다.

"더 이상 이런 곳에 있을 수 없어. 도둑년 소리를 듣고 누가 여기 있을 수 있겠어?" 그러고는 흥분한 나머지 가방을 마룻바닥에 던져버린다. '그렇지 않다', '아무도 도둑이라고 생각하지 않는다'고 달래도 그녀는 들을 생각도 하지 않았다.

"아들이 홋카이도에서 돌아와서 화를 내서 무서워요." "어차피 나는 가난한 집 출신이야. 여기는 상류층 아이들만 오는 곳이라 못 다니겠어요." 아무래도 어린 시절의 아픈 기억이 아직도 그녀를 괴롭히고 있는 것 같았다.

한 할아버지는 74세 생일 파티에서 꽃다발을 받자마자 얼굴을 찡그리며 울음을 터뜨렸다. 모두가 박수를 치자 "오오오오"라며 큰 소리로 울음을 터뜨리고 꽃다발을 든 채 그 자리에 엎드려 울었다. 아마 수십 년 동안 생일 축하를 받아본 적이 없었기 때문에 감격한 것 같았다.

또 다른 81세 여성은 노래 경연 프로그램에서 누군가가 '꽃'을 부르는 장면을 보고 무슨 생각이 났는지 갑자기 얼굴을 가리고 울음을 터뜨렸다. 그리고 언젠가는 데이케어센터 아침 프로그램에서 직원이 "지금까지 가장 즐거웠던 일은 무엇입니까?"라고 물어봤는데, 남편이 전사한 일, 공습으로 집이 불에 타버린 일, 영양실조로 아이를 잃은 일 등 즐겁지 않은 이야기를 잔뜩 쏟아내, 온통 눈물바다가 된 적도 있었다.

즐거운 '웃음형'

밝은 치매를 앓는 여든 살의 한 할아버지는 데이케어센터의 프로그램에서 노래를 부를 때마다 앞장서서 큰 소리로 노래하고, 직원들의 가벼운 농담에도 크게 웃어주는 분이었다. 걷는 것은 힘들지만, 자리에 앉아 있으면서도 항상 활기찼다. 생일 파티 등의 행사에서도 앞장서서 분위기를 띄워주었다. 직원에게 볼일이 있을 때는 "간사님!"이라고 큰 소리로 불러서 직원들을 기분 좋게 해주었다. 참고로 보통 데이케어센터 직원들은 간호사든, 간병인이든 이용자들에게 보통 '언니'나 '선생님' 등으로 불렸다.

데이케어센터 이용자는 아니었지만, 나의 아버지도 '웃음형' 치매였다. 원래 봉사 정신이 투철한 분이라 그랬는지 침상에서 일어나지 못하는 상태로 치매에 걸렸지만, 주변을 많이 웃게 해주었다. 어느 날은 침대 옆을 비워놓고 주무시기에 "왜 그러세요?"라고 물었더니 "지금 맥아더 장군이 하늘나라에서 내려와 여기서 자고 있어"라고 말씀하셨다. "그분이랑 말은 통해요?"라고 물으니까, "희랍어를 쓰면 괜찮아"라고 영어보다 더 통하지 않을 말을 하며 스스로도 재미있는지 '아하하하하' 하고 웃으셨다. 그 외에도 싫어하는 정치인이 텔레비전에 나오면 염력을 걸겠다며, "○○아, 꺼져!"라고 말하면서 손가락으로 텔레비전을 꾹꾹 찔러대다가 화면이 바뀌면 "봐. 사라졌지?"라며 기뻐했다. 아버지는 루이소체형 치매였지만 '행복형', 혹은 '웃음형'이었다.

아마미오 섬(규슈와 오키나와 사이 남중국해에 위치한 섬) 출신으로 알츠하이머형 치매를 앓고 있는 F씨(81세, 여성)는 데이케어센터에서 가장 인기가 많은 어르신 중 한 명이었다. 중증 치매였지만, 무엇이 그리도 기쁜지 항상 웃는 얼굴이었다. 말을 전혀 할 수 없어 대화는 불가능하지만, 눈이 마주치면 한참을 쳐다보다가 '풋'하고 웃음을 터뜨리며 눈을 돌리곤 했다. 그게 마치 수줍은 소녀 같고 귀여워서, 직원들 사이에서도 인기가 많았다. 식사나 화장실 안내 등은 손이 많이 가는 환자였지만 모두 기꺼이 도와주었다.

난처한 '심술형'

그런데 그런 F씨를 눈엣가시처럼 여기는 '심술형' 할머니들이 있었다. HDS-R검사 결과로는 치매 범위에 속했지만이 심술쟁이 할머니들은 말도 잘하고 몸도 건강한 편이었다. 그런데 이 할머니들이 두 명씩 짝을 지어서 돌아가며 F씨를 놀려댔다. "뭐야, 말 좀 해봐. 아~ 해 봐."

F씨가 대답을 하지 않자 "못 알아듣겠어. 모르겠는데?"라고 경멸하듯 말하고, "그럼 입 벌려 봐!"라고 명령했다. F씨가 바보 취급하지 말라는 표정으로 입을 벌리자 "입은 벌릴 수 있나 보네. 그럼 '네'라고 말해 봐"라며 못살게 굴었다. 직원이 눈치를 채고 "여기엔 여러 사람들이 함께 있으니 무례한 말을 하지 마세요" 하고 끼어들자, 한 할머니가 "아니야, 이 사람 말할 수 있어. 그냥 멍 때리는 것뿐이야"라고 반박했다.

심술쟁이 할머니는 잘 걸을 수 있었는데, 그래서 그런지 휠체어 탄 사람에게 다가가서 "휠체어에 의지하면 걷지 못하는 게 당연하지"라고 말하거나 척수 손상으로 걷지 못하는 사람에게 다가가서 "넌 스스로 걸을 의지가 없어"라고 단정지어 주변을 당황하게 만들었다. 곁에 있던 물리치료사가 "이 분은 신경장애로 걸을 수 없는 겁니다"라고 설명해도 "아니야, 이 사람은 의욕이 없어"라며 공격을 멈추지 않았다. 듣는 쪽은 억울함에 눈물을 흘리거나 얼굴을 찡그릴 뿐이었다.

또 다른 '심술형' 할머니는 안면신경이 마비된 여성에게 "아이고 꼴 보기 싫어"라고 말하거나, 자신도 보행이 불편해 지팡이를 짚고 있으면서, 발이 느린 이용자에게 "빨리 걷지 못하냐. 그렇게 느릿느릿 걷는 건 소도 하겠다!"며 지팡이로 상대를 쿡쿡 찔러가며 재촉하기도 했다. 위험한 상황이라 내가 "천천히 해도 괜찮아요"라면서 말리자, 그 할머니는 "선생님, 이 여자 걷는 건 느리지만 엄청 수다쟁이라고요" 고자질을 했다. 나는 속으로 '당신이 더 수다쟁이잖아!'라고 생각했으나 빙긋 웃어넘겼다.

마지막으로 신기했던 것은 '지식인형 치매'다. 형용모순 같지만, 이것저것 어려운 것들을 많이 알고 있다는 유형이다. W씨(80세, 여성)는 '교육칙어'(1890년 일본제국 신민의 수신과 도덕 교육의 기본 규범을 정하기 위해 발표한 칙어)와 '오개조의 어서문'(1868년 일왕이 천지신명에게 고한 서약문으로 메이지 정부의 기본 방침이 됨)을 모두 외우고 있었다. 시험 삼아 물어보니, "짐이 생각건대, 우리 황조황종의 나라가 비롯한 것은 굉원하며, 덕을 세운 것은 심후하도다 …… 하나, 널리 회의를 열어 만기공론(萬機公論)에 따라 결단해야 한다. 하나, 위아래 마음을 하나로 하여 활발히 경륜(經綸)을 행해야 한다……”고 거침없이 술술 암기한 것을 들려주었다.

“대단하네요. 그 정도 기억력이면 뇌의 노화 현상은 걱정할 필요가 없겠네요” 하고 감탄하자, “아니요. 어려운 것은 기억하지만 어제의 일은 잊어버리는걸요. 이미 멋들어지게 바보가 되었어요”라고 겸손하게 대답했다. “괜찮아요. 진짜로 멍청한 사람은 스스로 멍청하다고 말하지 않으니까요”라고 내가 무심코 말한 것이 계기가 되었는지, 그 후 W씨는 나와 얼굴이 마주칠 때마다 “나는 멍청하니까!”라는 말을 반복했다. ‘멍청하다’고 말하면 멍청하지 않다는 증거가 될 거라고 생각한 것 같다.

노인의 ‘배회’는 배회가 아니다?

치매 노인을 돌보면서 가장 힘든 것 중 하나가 배회다. 노인 데이케어센터에서도 어슬렁어슬렁 돌아다니는 이용자는 관리가 쉽지 않다. 골다공증으로 뼈가 약해진 어르신들은 넘어지면 쉽게 대퇴골 경부(허벅지 윗부분의 뼈가 움푹 들어간 부분)가 골절되기 때문에 직원이 따라다니며 지켜봐야 한다. 노인의 낙상은 계단이나 걸려 넘어지기 쉬운 물건이 있는 곳에서만 발생하는 것이 아니다. 대부분 아무것도 없는 곳에서 발생한다. 카펫 가장자리나 융단의 이음새 같은 것들을 특히 주의해야 한다. 완전히 평평한 곳에서도 발끝이 올라가지 않아 걸려 넘어지기도 하니까.

요즘은 배리어프리 정책(1960년대 말 시작된 일본의 정책으로, 고령자나 장애인을 위한 도시환경개선과 물리적, 정보적, 제도적, 심리적 영역의 모든 장애물 제거를 목표로 함)이 시행된 지 오래지만, 편의를 위해 만들어놓은 경사로 등이 특히나 위험하다. 바닥의 색을 달리하는 등 확실히 표시해두지 않으면 경사를 알 수 없어서 낙상사고 위험이 오히려 더 높아진다. 오히려 단차가 있거나 가파른 계단일수록 '여기는 위험하다'고 생각해서 긴장하고 한 걸음, 한 걸음씩 걷기 때문에 오히려 사고가 드물다.

여래사 주지이자 소아이대학교 학장인 샤쿠 텟

슈 씨가 운영하는 데이케어센터 '무츠미암'은 일본식 가옥을 개조한 시설이라 2층으로 올라가는 계단이 무서울 정도로 가파르다. 나도 견학을 갔을 때 숨을 헐떡이며 오르내렸을 정도다. 하지만 지금까지 입소자 사고는 단 한 건도 없었다고 한다(한 건의 낙상 사고가 있었는데, 이는 직원이 급하게 내려가려다 넘어진 사고였음). 입소자들은 모두 목숨을 걸고 이 계단을 오르내리는 데 집중해서, 오히려 더 안전하다는 것이었다.

치매 노인이 돌아다니는 것을 '배회'라고 부르는 게 부적절하다는 의견도 있다. 배회는 목적 없이 돌아다니는 것인 데 반해, 치매 노인들은 각자 돌아다니는 목적이 있기 때문이다. 겉으로 보기에는 목적 없이 돌아다니는 것처럼 보이지만, 본인은 집으로 돌아가고 싶다거나, 집으로 돌아가기 위한 표지판을 찾는다거나, 누군가를 만나러 가는 등 나름의 뚜렷한 목적을 가지고 있다(하지만 여기서는 다른 적절한 표현을 찾지 못해 '배회'를 계속 사용하겠다).

데이케어센터에서도 배회 증상이 있는 노인들은 그럴듯한 이유를 대며 집에 돌아가고 싶어한다. "제멋대로라 죄송합니다만, 집에 볼일이 있어서요.” “오늘은 회사에 가야 하니까.” “주인이 불러서요.” 등등. 앞서 풍선 던지기 게임에서 ‘죽어버리겠다’고 이야기했던 할머니의 이유는 특히나 비현실적이었다. ‘집이 불타고 있는 것 같다’든가 ‘며느리가 병에 걸려 다 죽어가고 있다’든가 ‘남편이 야쿠자에게 살해당해 장례식을 치러야 한다’고 했다. 내가 놀라서 “정말이에요?”라고 물었더니, “그래요. 남편이 목에 칼을 맞고 죽었어. 불쌍해”라며 고개를 떨구었다.

그녀를 붙잡아두려면 그녀와 사이가 좋은 Y씨 (84세, 여성)가 달래주는 게 가장 효과적이었다. 그래서 나는 종종 Y씨에게 부탁하곤 했다. Y씨가 옆자리에 앉아서 “아직 시간이 이르니까 돌아가면 안 돼”라고 말했다. 그녀는 납득이 안 되는지 “나는 이제 집에 가고 싶은데, 당신은 여기 있고 싶어요?”라고 되물었다. 그러면 Y씨는 “아니야. 나도 여기 있고 싶지는 않아. 하지만 내가 돌아가버리면 여기 선생님이 곤란하니까” 하고 내 눈앞에서 말한다. 그럴 때면 왠지 나를 위해 Y씨가 불편을 참아주는 것 같아서 미안한 마음이 들기도 했다.

바람처럼 사라지는 노인

배회 증상이 있는 노인의 잠재적인 위험은 낙상뿐만이 아니다. 실종도 있다. 집에 돌아가는 셔틀버스로 이용자들을 안내하며 로비에서 차례를 기다릴 때 "여기서 잠시 기다려주세요!"라고 큰 소리로 말한다. 직원들과 나는 "여기 꼭 앉아 있어요. 움직이면 안 돼요"라고 신신당부하고 할아버지, 할머니도 "네, 네" 하면서 연신 고개를 끄덕이는데, 잠깐 고개를 돌리면 이미 어딘가로 사라져버리기 일쑤다. 눈길이 닿지 않는 곳으로 가면 위험할 수 있기 때문에 직원들이 모두 출동해서 실종자를 찾아야 한다. 겨우 찾으면 '오줌이 마려워서'라든지, '가방을 놓고 와서'라든지, '친구가 잘 있나 보러 다녀왔다'든지 저마다의 이유를 늘어놓는다. 그러면 아까의 "네, 네" 했던 대답은 도대체 뭐였냐고 따지며 울고 싶어진다.

체구는 작았지만 등도 곧고 성실한 인상이었던 H씨(82세, 여성)는 언뜻 보기에 평범했다. 하지만 HDS-R 점수는 골프에서 말하는 '로우 싱글'(즉 5점 이하), 다시 말해 중증 치매환자였다. 그래도 다리만은 젊은 사람보다 더 건강했다.

이 H씨가 실종된 적이 있었다. 점심 시간에 직원이 진료실로 달려와서 새파랗게 질린 얼굴로 "H씨가 없어요!"라고 말했다. 점심 식사 후 사극을 틀어놓고 이용자들이 드라마를 보도록 했는데, 그녀가 사라져버렸다고 했다. 처음에는 H씨도 이용자들과 함께 있었다고 했다. 데이케어룸 안을 찾아보았지만 보이지 않았고, 방 밖으로 나갔을 가능성이 크다고 했다. 하지만 방문 앞에는 간호사가 앉아 있고, 문에는 사람이 드나들 때마다 울리도록 방울이 달려 있었다. 이 방울은 여태껏 작은 실종 해프닝들이 많았던 H씨 때문에 설치한 것이었다.

"간호사는 H씨가 밖으로 나간 것을 알아차리지 못했나요?" "눈치채지 못했어요." "문을 열었을 때 방울이 울리지 않았나요?" "울리지 않았습니다." "그럼 데이케어룸에 있는 거 아닐까요?"

나쁜 예감이 들었다. 방에서 나오지 않고 사라졌다면, 청소 도구를 넣어두는 창고의 미닫이문으로 들어가서 갇혔다거나 베란다로 나가서 떨어진 것이 아닐까

하는 생각이 들었다. 하지만 직원은 "당연히 둘 다 확인했다"고 말했다. 그렇다면 역시 데이케어룸을 빠져나간 것일까? 하지만 2층의 다른 방들, 1층 진료실, 접수 로비, 약국, 재활실 등 어디를 찾아봐도 H씨는 없었다.

잠시 후 현관 자동문이 열리고 혹시나 하는 생각에 클리닉 밖으로 찾으러 나섰던 간호사가 "H씨, 찾았어요!" 하고 그녀의 손을 잡고 돌아왔다. 맙소사, 물어보니 H씨는 클리닉을 나와 비탈길을 내려가서 아래쪽 버스 정류장 근처까지 걸어갔다고 했다. 완전히 실종되기 일보 직전에 발견된 것이다. 낙상이나 교통사고가 날 뻔했다고 생각하니 등골이 오싹했다.

그렇다 하더라도 H씨가 클리닉 밖으로 나가려면 데이케어룸의 간호사 앞을 지나 문을 열고(너무 쉽게 열려서 방울이 울리지 않았던 것 같다), 계단을 통해 1층으로 내려가 접수 로비를 지나 현관 자동문을 누르고 나가야 하는데, 이 모든 과정을 아무에게도 들키지 않고 통과한 것이다. "마치 바람 같네요." 간호부장이 안도하면서도 기가 막히다는 듯 중얼거렸다.

실종자 발견 미담, 그 후

치매 노인 중 배회 등으로 실종된 사람이 일본에서 연간 1만 7,000명을 넘어섰다고 한다. 그중 대부분은 일주일 이내에 발견되지만, 사망하여 발견되는 사람도 연간 500명 내외로 추정된다.

치매에 걸리면 돌아가는 길을 잊어버려서 못 돌아오는 경우가 대부분이지만, 돌아갈 수 없어서 돌아오지 못한 사람도 있다. 가슴 아픈 사례로는 울타리 틈새에 몸이 끼어 막다른 골목 안쪽에서 뒤늦게 발견된 경우, 위험성을 인지하지 못하고 열차에 치여 사망한 경우 등이 있다. 후자의 경우, 유족에게 고액의 배상금이 청구되어 사회문제가 된 적도 있다. 이 사건은 투신자살과 동일하게 취급되어 1심에서 보호 책임자인 아내와 아들이 철도회사에 총 720만 엔의 배상금을 지급하라는 판결이 내려졌다. 이 판결은 세간을 떠들썩하게 만들었다. 배회하는 치매 노인을 둔 가족들은 '한 발자국도 밖으로 내보내지 말라는 것이냐', '사람을 묶어두라는 것이냐'는 등 부정적인 반응을 쏟아냈다. 결국 대법원에서

배상 책임이 없다는 판결이 나와 사망자 가족 측은 안
도했지만, 철도회사 입장에서는 단순한 불운으로 치부
하고 넘길 일이 아니었다.

발견되지도, 죽지도 않은 치매 노인들은 신원 미
상자가 되어 시설에 보호된다. 언젠가 TV에서 치매 노
인의 실종에 대한 다큐멘터리가 방영된 적이 있다. 그리
고 그 프로그램을 본 가족의 연락으로 시설에서 보호받
고 있던 노인의 신원이 확인된 적이 있다. 5년 이상 할
아버지의 행방이 묘연해 가족도 거의 포기하고 있었는
데, 우연히 보았던 TV 프로그램에서 할아버지를 찾은
것이다. 곧이어 가족들이 마중 나와 감격적인 재회를 했
다는 소식이 전해졌다. 중증 치매 환자였던 할아버지는
별다른 반응을 보이지 않았지만, 가족들은 눈물을 흘리
며 기뻐했다.

누구나 다행이라고 생각할 것이다. 하지만 현장
을 아는 나로서는 쉽게 기뻐할 수 없었다. 재회는 분명
감동적이지만, 그다음이 기다리고 있기 때문이다. 가장
먼저 걱정되는 것은 5년 동안의 시설 이용료다. 얼마나
청구될지는 모르겠지만, 민간 시설이라면 그 비용이 만

만찮을 것이다. 5년 동안 걱정하던 할아버지를 찾았을 때의 기쁨은 각별했겠지만, 가족들은 그날부터 힘든 간병이 다시 시작된다. 처음에는 괜찮을지 모르지만, 2년, 3년 지나면 지치기 마련이다. 간병 비용과 피로로 인해 학대에 가까운 일이 일어나지 않는다고 장담할 수 없다. 게다가 실종되었던 할아버지 본인도 그동안 전문 시설에서 간병인이 해주던 것들을 가족이 하게 되면 그 쾌적함이 오히려 줄어들지 않을까? TV는 거기까지는 보여주지 않기 때문에 시청자는 '다행이다'로 끝나지만, 당사자의 현실은 결코 거기서 멈추지 않는다.

치매 노인에게 한 방 먹다

앞서 소개한 '분노형' 치매 환자 U씨는 정도가 심각한 배회 증상을 보이기도 했다. 데이케어의 프로그램 도중에도 조금만 지루해지면 모자를 쓰고 짐을 챙기기 시작했다. "어디 가세요?"라고 물으면 "그런 질문을 받으면 힘들어. 그냥 오늘은 조용히 가게 해주세요"라며 처음에는 얌전하게 대답하지만, 억지로 말리면 금방 분노 게이지를 높이며 화를 냈다.

나는 U씨를 무리하지 않고 납득시키기 위해 현관에 미리 가서 자동문 스위치를 끄고 미리 준비해둔 '고장'이라고 적힌 종이를 문에 붙였다. 그때 U씨가 간호부장의 부축을 받으며 내려왔다.

"죄송합니다. 자동문이 고장 나서 열리지 않아요"라고 상황을 설명하니, "고장이라니 무슨 소리야. 오늘 아침 이곳을 통해서 들어왔는데 열리지 않을 리가 없잖아!"라며 나를 노려보았다. U씨는 중증 치매 환자였지만 가끔씩 예리한 말을 하곤 했다.

"아침에는 열려 있었는데, 아까부터 갑자기 고장 난 것 같아요"라고 말하면서 저는 자동문에 가까이 다가가 "자, 안 열리죠?"라며 열리지 않는 것을 보여주었다. 그렇게 납득을 시키는가 싶었는데, U씨는 발밑에 작은 램프가 꺼져 있는 것을 가리키며 이렇게 말했다.

"스위치가 꺼져 있잖아. 나는 너보다 전기에 대해 훨씬 더 잘 알고 있단 말이야. 이런 애들 장난이 통할 거라 생각해?" 핵심을 찔린 나는 당황했다. 할 말을

잃은 내게 U씨는 화를 내며 강하게 말했다. "나 정도
의 인간이 왜 네놈 따위의 말을 들어야 하냐?" 그가 거
만한 태도로 말했고, 나는 더욱더 당황했다. U씨가 "스
위치를 켜라. 스위치 어딨어?" 하고 소리를 지르자 간호
부장이 U씨의 집에 연락을 취하기 위해 휴대전화를 꺼
내 들었다. 그러자 U씨는 "아, 또 우리 집에 전화해서
나쁜 말을 하려고 하는구나!"라며 간호부장을 붙잡으려
했다. 예전에 U씨의 배회 행동이 심할 때 전화로 가족
에게 데리러 오라고 했던 기억을 떠올린 모양이었다. 둘
사이에 끼어들어 내가 이렇게 말했다.

　　"U씨의 집에 전화하는 거 아니에요." "그럼 뭔
데?" "다른 집에 걸었어요." "거짓말하지 마라." "거짓
말이 아닙니다." 강변하자, "방금 저 여자가 우리 집 아
이 이름을 말하는 걸 똑똑히 들었어! 거짓말하는 게 더
나빠"라고 되받아쳤다. 이젠 어쩔 도리가 없었다. 분명
치매 환자인데, 이런 이성적인 반격은 대체 어디서 나오
는 것일까?

　　내가 아무 말도 못 하고 화난 눈으로 U씨를 노
려보았는데, "뭐야, 그 눈빛은?" 하면서 내 가슴을 쿡쿡

찔렀다. 이때다 싶어서 "폭력은 그만 멈추세요"라고 엄하게 말하자, "폭력은 무슨. 폭력을 쓰면 지는 거야"라며 코웃음을 쳤다. "경찰을 부를 거예요." "경찰이든 뭐든 불러봐. 유도 기술로 날려버릴 거야." 내가 화를 내며 노려보자, U씨도 나를 노려보면서 또다시 일방적인 말을 내뱉었다. "나는 효고 현에서 자치회장까지 했단 말이야. 당신 따위한테 이러쿵저러쿵 참견받을 이유는 없어!" "예전에는 자치회장이었을지 모르지만 지금은 아니죠." 화가 나서 받아치자, "아니야. 나는 지금도 자치회장이야. 그걸 모르는 사람은 없을 거야"라며 기세 등등하게 가슴을 쫙 펴보였다.

나는 화가 나 잠시 내 위치를 망각하고 치매 노인에게 더러운 공격을 퍼붓고 말았다. "그럼 오늘 날짜를 말해보세요. 말할 수 없죠? 날짜도 모르는 사람을 누가 자치회장이라고 생각하겠어요?" 이제 승부가 났나 싶었는데, U씨는 이렇게 받아쳤다.

"날짜 정도는 누구나 다 알고 있어. 당신은 그런 것도 모르는가?" "저는 알고 있죠." "알고 있으면 된 거 아닌가? 그걸 나한테 물어보는 건 날 바보 취급한다는 증거야.” 또다시 날카로운 반격에 할 말이 없어졌다. 나도 모르게 “이 멍청한 영감탱이가!”라고 소리칠 뻔했는데, 간호부장이 “선생님, 진정하세요”라고 말렸다. “여기는 저에게 맡겨주세요” 하고 나를 밀어냈다. 진료실로 돌아왔지만, 흥분은 한동안 가라앉지 않았다.

배회를 막는 방법

위의 사례에서는 U씨의 배회를 막기 위해 자동문 스위치를 끈 것이 화근이었다. 자동문 고장이라는 상황이 U씨에게 불편함을 주었기 때문이다. 문을 잠그거나 울타리, 밧줄 등을 이용하여 물리적으로 출입을 막는 것도 마찬가지다. 그렇다면 어떻게 해야 할까?

U씨가 “오늘은 이만 가보겠습니다. 집에 볼일이 있어서요”라고 말하고 자리에서 일어나면 “알겠습니다. 그럼 셔틀버스를 준비할 테니 여기서 조금만 기다려주시겠어요?”라고 말하고 데이케어룸 가장자리에 놓인 벤치로 안내한다. 벤치에 얌전히 앉아 있는 U씨에게 잠시

후 직원이 다가가 "어머, U씨 이런 곳에서 뭐하고 계세요? 자, 자리로 돌아갑시다"라고 말하면 U씨는 고개를 갸웃거리며 자리로 돌아간다. 기다리는 동안 무엇을 기다리고 있었는지를 잊어버린 것이다. 혹은 다른 데이케어룸으로 데려가는 것도 방법이다. 클리닉에는 두 개의 데이케어룸이 있어서 방이 바뀌면 이용자들도 달라진다. 직원들도 상황을 잘 이해하고 있어서 "U씨, 기다리고 있었어요. 어서 오세요"라며 자리를 권유하면, 자리에 앉아서 영문도 모른 채 프로그램에 참여하게 된다. 물론, 이런 잔꾀로 해결되지 않을 때도 있다.

"나는 집에 돌아간다고 했잖아. 이런 곳에 데려와서 사람을 바보로 만드는 거냐?" 그렇게 화를 내기 시작하면 먼저 사과부터 한다. "죄송합니다. 바로 보내드릴 준비를 할 테니 조금만 기다려주세요. 지금은 버스 운전기사가 잠시 출타 중이라 돌아오면 셔틀버스를 바로 보내드리겠습니다. 그런데 U씨는 효고 현의 자치회장을 맡고 계셨다고 하더라고요? 대단하시네요. 정말 힘든 일이지요?"

그렇게 관심을 돌리고 한바탕 이야기를 하게 만

든 뒤, 돌아가는 것을 잊을 즈음에 "그럼 방으로 돌아갈까요?"라며 다시 데려온다. 그래도 돌아가는 것에 집착할 때는 시간이 조금 걸리지만, 실제로 걷는 것이 효과적이다. "U씨, 벌써 돌아가시나요? 그럼 제가 배웅해드릴게요."

직원이 손을 잡고 클리닉 안을 빙글빙글 돌며 걷는다. 중간에 이야기를 듣기도 하고, 클리닉에 대한 설명을 하고, 노래를 부르며 한동안 걷다가 피곤한 기색이 보이기 시작할 때, "이제 돌아갈까요? 다들 걱정하고 있어요"라고 말을 건네면, 순순히 돌아가는 경우도 있다. 병원 안에서 안 될 때는 실제로 바깥으로 나가기도 한다. "오늘은 날씨가 좋네요." 혹은 "이제 좀 따뜻해졌네요." "이 가게는 무엇을 파는 곳일까요?" 등의 대화를 하며 동네를 한 바퀴 돌고 나면 비로소 만족하며 데이케어센터로 돌아온다.

'돌아가고 싶다'는 것은 배회하는 이유일 뿐, 반드시 집에 가고 싶은 것은 아니다(집에 있어도 '돌아가고 싶다'고 말하니까). 왠지 불안하고 그 자리에 있고 싶지 않은 마음이 '돌아가고 싶다'가 되는 것이다. 집에서 배회하는 사람도 '잠깐 산책하러 간다'든지 '사람을 만나러 간다'는 등 생각나는 대로 이유를 말하지만, 이는 어디까지나 핑계일 뿐이므로 부정하지 말고 긍정적으로 응대하는 것이 좋다. 준비가 필요하다거나, 이쪽 볼일이 끝나면 데리고 가겠다거나, 다른 이야기를 하면서 시간을 벌고 다른 데로 관심을 돌리면서 기다리거나 실제로 조금 걸어보는 등 어느 정도의 만족감을 주면 진정되는 경우가 많다.

치매에 국한된 것이 아니라 사람은 '안 된다'는 말을 들으면 오히려 하고 싶은 욕구가 더 생기는 법이다. 이솝우화의 '바람과 태양'에서 보듯, 억제보다 관용이 더 효과적이라는 것을 우리는 이미 잘 알고 있다.

그야말로 '폭군'

'분노형' 치매에 배회 증상까지 있는 U씨는 앞서 이야기한 것처럼 정말 다루기 힘든 환자였다. 데이케어센터에서 점심 도시락은 모두 함께 "잘 먹겠습니다"

라고 말한 후에 먹는다. 그런데 한 번은 이런 일이 있었다. "잘 먹겠습니다"라고 말하기도 전에 U씨가 도시락 뚜껑을 열고 젓가락을 들어 먹기 시작하려는 것이었다. 그것을 본 젊은 간호사가 "앗, U씨가 벌써 먹고 있어요!"라고 큰 소리로 말했다. 그러자 U씨는 젓가락을 딱 멈추고 간호사를 노려보며 말했다.

"아무도 먹고 있지 않았어요. 누가 무엇을 먹었는지 말해봐요." 실제로 U씨는 아직 먹지 않았다. 먹으려고 했을 뿐이다. 간호사가 말을 잇지 못하자 더 다그쳤다. "이런 것들은 분명히 해두어야지. 내가 무엇을 먹었다는 거죠?" 분위기가 험악해져서 내가 끼어들었다.

"확실히 아무것도 먹지 않았네요. 먹으려고 했다고 말해야 하는데, 먹었다고 간호사가 잘못 말했네요." "아니, 먹은 것과 먹으려고 한 것은 다릅니다. 게다가 난 먹으려고 하지도 않았어."

이렇게 되면 완전히 U씨의 페이스에 말려서 나도 설득할 방법이 없다. U씨가 일어나서 간호사를 다그치며 손을 위로 치켜들었다. 간호사가 "으악! 그만하세요!"라고 비명을 질렀다. "뭐야. 나를 거역할 생각이야?"

내가 말리려 하자 U씨는 내게도 주먹을 휘둘렀다. 간호사를 다른 방으로 보내자, U씨는 이긴 것을 뽐내듯 "저런 간호사는 그만두게 하겠습니다. 여러분, 괜찮으십니까?" 하고 다른 이용자들에게 자랑스럽게 으스댔다.

"알겠습니다. 간호사는 나중에 제가 엄하게 꾸짖을게요. 여기서는 제 체면을 봐서라도 용서해주세요." 이렇게 U씨를 달래고 식사를 시작하기까지 30여 분이 넘게 걸렸다.

또 한 번은 직원이 "목욕하러 갑시다"라고 말하자 "당신은 거짓말쟁이야!"라고 화를 내기도 했다. "거짓말 아니에요. 2층에 목욕탕이 있잖아요." "아니야. 당신이 지금 뉴욕에 가자고 했잖아. 그런 곳에 갈 수 있을 리가 없잖아." 그 말에 피식하고 웃으니 "사람이 진지하게 말하는데 놀리는 거냐?"고 또 화를 냈다.

그룹 재활치료에서 손가락 체조를 가르치는 물리치료사가 표적이 된 적도 있다. "이 체조를 기억하면 집에 돌아가셔서 언제든지 할 수 있어요." 물리치료사가 설명하자 U씨가 난감한 표정으로 손을 들었다. "잠깐 질문이 있는데요. 언제든지라고 하는 건 언제라는

건가요?” “밥을 먹은 뒤에도, TV를 보면서도 할 수 있
겠지요.” “그런 건 미리 말해주지 않으면 곤란합니다. 처
음부터 설명을 해주면 ‘아 그렇구나’ 하고 잘 기억할 텐
데, 입 다물게 하고 시키니까 왜 하는지 모르겠잖아요.”

　　　이것도 묘하게 이치에 맞는 말이라 사과를 할 수
밖에 없었다. 여기서 맞받아쳐서 U씨의 기분을 상하게
하면 불같이 화를 내며 고함을 지르거나 폭력을 휘둘러
데이케어의 프로그램이 중단되어버린다. 정말이지, U씨
는 마치 ‘폭군’처럼 데이케어센터에 군림하고 있었다.

치매 간병의 비밀병기

　　　U씨처럼 만만찮은 이용자를 만나면, 고생을 하
는 대신 간병 테크닉은 엄청나게 발전한다. 이렇게 문제
가 많았던 U씨였지만, 베테랑 직원이 요긴한 대응책을
발견했다. 이른바 ‘도미 작전’이다. U씨는 젊은 시절, 효
고현 지사의 부탁으로 일왕에게 진상할 나루토 해협의
도미를 선별한 적이 있다고 했다. 그것이 평생의 자랑이

라, 그 이야기를 하면 단번에 기분이 좋아지곤 했다.

예를 들어 작업치료요법 프로그램에서 색종이를 찢어 붙이는 활동을 할 때 U씨가 고집을 부리며 참여하지 않으면 직원이 이렇게 말했다. "U씨, 일왕에게 바친 도미는 어떤 색깔이었나요?" 그러자 U씨는 분홍색 색종이를 들고 "이거야"라고 알려주며 덧붙였다. "원래 도미의 색깔은 붉은색과는 좀 다르지. 멋진 색이야." "이런 색이요?"하고 직원이 금색 색종이를 내밀면, "어, 맞아"라며 반응할 때, "그럼 그 색깔을 사용해보세요"라고 권유해 색종이를 붙이도록 유도하는 식이다.

데이케어센터에 출장 미용사가 왔을 때도, 여성 이용자의 머리를 먼저 손질해주면 U씨는 허리를 둥글게 구부린 채 '여자 머리처럼 되면 곤란하다'며 자리에서 움직이지 않았다. 그래서 "미용사에게 나루토의 도미 이야기를 해주면 어떨까요?"라고 권유했더니 "좋아"하고 답하며 굽은 허리를 펴고 앉았다.

배회할 때에도 "도미 이야기를 들려주세요"라고 부탁하면 기분 좋게 이야기를 들려준다. "폐하께 바치는 도미는 전부 다 내가 고른 거야. 내가 왕가와 인연이 있었나 봐." "대단해요. 역시 선생님의 안목이 최고네요."라면서 한껏 치켜세워주고 있는데, 예상치 못한 공격이 들어왔다. "너희들은 항상 도미 이야기로 내 관심을 끌고 호감을 사려고 하는데, 내가 속을 줄 알아?" 이처럼 가끔 예리한 반응을 보이는 것이 U씨를 다루기 힘든 이유다. 하지만 직원도 지지 않았다. 전문가답게 비슷한 주제를 두 가지 더 찾아냈다.

하나는 십 년 넘게 고장 난 적이 없는 손목시계로, 자치회장이 되었을 때 상점가 시계방 주인의 환심을 사려고 큰맘 먹고 산 것이었다. "그 시계, 계속 고장이 안 난다고요? 대단해요. 5만 엔이나 주고 샀다고요? 럭셔리하네요"라고 칭찬을 하자 U씨는 쑥스러운 듯 표정이 풀어졌다. 그리고 배회하는 것도 잊은 채 자랑했다. 또 하나는 말 이야기인데, U씨는 과거 군마를 돌보는 일을 해서 말에 대한 애착이 남달랐다. "말은 똑똑하고 귀여워요. 열심히 보살펴주면 그만큼 보답을 하죠." "군마는 짐을 많이 싣고 다니죠?" "그럼. 그래서 사료도 잘 먹이고, 벌레가 붙지 않도록 매일 몸도 닦아줘야 해."

도미, 손목시계, 말. 이 세 가지 주제를 번갈아

사용해 U씨의 관심을 돌리면서 그와 실랑이하는 시간
이 크게 줄어들었다.

제3장

치매만은 걸리고 싶지 않은 당신에게

절대 걸리고 싶지 않은 병

모든 병이 싫지만, 많은 사람들이 특히 이 병만은 걸리고 싶지 않다고 생각하는 것이 암과 치매가 아닐까 싶다. 암은 죽을 위험이 높고, 치매는 자기 자신을 잃어버릴 것 같은 두려움이 있기 때문이다. 특히 치매는 주변에 폐를 끼친다거나, 바보가 되어버린다거나, 기억이 전부 사라질지도 모른다는 불안감 때문에 '치매만큼은 걸리고 싶지 않다'고 말하는 사람이 적지 않다.

그러나 나는 말기의료와 돌봄 현장에서 많은 치매 환자를 진료했음에도, 치매에 걸린 것 자체를 괴로워하는 사람은 단 한 명도 보지 못했다. 치매의 전조증상을 겪으며 미래를 두려워하는 사람은 몇 명 있었지만, 일단 걸리고 나면 불안도, 기피감도 완전히 사라진다. 즉, 치매에 대한 두려움이나 불안은 치매에 걸리지 않은 사람이 느끼는 감정이다.

'가족에게 부담을 주기 싫다'고 말하는 사람이 있지만, 그건 치매가 아닌 사람의 감각이고, 치매에 걸리면 주변에 폐를 끼친다는 것조차 인지하지 못하기 때문에 싫다거나 미안하다는 생각도 들지 않는다. 치매를 극도로 두려워하는 사람들은 치매에 걸린 자신의 모습을 떠올리기 때문에 혐오감이 더 커지는 것 같다. 치매뿐만 아니라 어떤 병이라도 비참한 상태에 놓인 모습을 곁에서 지켜보면, 비슷한 감정을 느끼게 된다. 하지만 걸리기 전부터 이처럼 심한 거부감을 가진 병은 치매가 유일하다.

다시 말해, 치매는 다른 난치병들과 결정적으로 다른 면이 있다. 그것은 병에 걸리고 나서도 자신이 병에 걸렸다는 사실을 인식하지 못한다는 점이다. 모르면 두려워할 필요도, 후회할 걱정도 없다.

이쯤 되면 대니얼 키스의 《앨저넌에게 꽃을》이 떠오른다. 이 소설은 선천적으로 지적장애를 가진 주인공 찰리가 특수 치료를 받아 고도의 지능을 얻게 되는 내용인데, 아이러니하게도 지능을 회복하면서 이전에는 몰랐던 따돌림과 심술, 경멸과 악의를 인지한다는 내용이다. 그래서 어렵사리 맺은 연인과의 관계도 일그러지고 고독에 빠지는 비극을 그리고 있다. 결국 소설의 마지막 부분에서 찰리는 치료 효과가 점차 희미해지면서 원래의 지적장애로 돌아간다.

예전에 그랬던 것처럼 세상의 비난도, 본인의 어려운 상황도 인지하지 못하는 '몰이해의 평안'으로 돌아간다. 지적장애가 반드시 불행한 것은 아니다. 오히려 이를 부자연스럽게 개선시키는 것이 더 큰 비극을 낳는다는 블랙코미디 같은 내용인데, 이것이 뭔가 멋진 이야기처럼 세상에서 받아들여지고 있는 것이 나는 늘 신기했다.

다시 지적장애 환자로 돌아간 찰리와 마찬가지로, 치매 환자는 치매가 아닌 사람이 느끼는 불안과 두려움, 갈등에서 모두 해방될 수 있다는 점에서 그리 나쁜 것만은 아니라고 생각한다.

치매 예방에 효과적인 것

치매에 두려움을 느끼고 있는 사람이라면 누구나 지푸라기라도 잡는 심정으로 간절하게 찾는 것이 치매 예방법이다. 모든 건강 정보가 그렇듯, 시중에 떠도는 치매 예방법도 옥석이 한데 섞여 있다. 후생노동성과 의사가 추천하는 예방법도 있지만, 이상한 민간요법이나 건강보조식품, 주술 같은 것도 뒤섞여 있다.

인터넷 검색을 해보면, 의사들이 추천하는 예방법에도 의아한 것들이 종종 눈에 띈다. '활기찬 생활을 하라', '가족이나 친구 등의 인간관계를 잘 유지하라', '삶의 보람을 찾으라' 등의 조언이다. 이런 것들로 정말 치매를 예방할 수 있다고 생각하는 것일까? 심지어 '병에 걸리지 않도록 유의한다'라는 내용도 있다. 마음가짐만으로 병에 걸리지 않을 수 있다면, 아무도 병에 걸릴 일이 없을 것이다.

그나마 조금 논리적 근거가 있어 보이는 것은 생선에 함유된 DHA(신경계에 많이 함유된 필수 지방산)와 EPA(동맥경화를 예방하는 필수 지방산), 레드와인에 함유된

폴리페놀(항산화물질)의 섭취를 권장하는 것 정도다. 이 것들이 부족하면 건강에 좋지는 않을 것이다. 하지만 많이 섭취한다고 해서 치매를 예방할 수 있는 것도 아 니다. 이러한 물질은 모두 정상적인 식생활로 충분히 보충할 수 있는데, 이것들을 먹어야만 치매를 예방할 수 있다고 믿는 것은 거의 신앙의 영역에 가깝다고 해도 과언이 아니다.

놀라운 것은 후생노동성의 〈치매 예방·지원 매 뉴얼〉(2009)에도 '치매 예방 및 지원 대상과 접근법'으로 '고령자를 위한 생활습관 개선형 접근법'이라는 것이 있 다는 점이다. 그 내용을 살펴보면 '바둑, 장기, 마작, 미 술, 요리, 컴퓨터, 여행, 걷기, 수영, 체조, 기구를 사용 하지 않는 근력운동 등 일반 노인이 자발적으로 다양하 고 건강한 생활습관을 늘려감으로써 치매 위험 요인을 감소시키는 것'이라고 되어 있다. 이러한 활동이 하루하 루를 즐겁게 보내는 데는 도움이 되겠지만, 치매 예방에 는 아무런 도움이 되지 않는다.

국립장수의료연구센터가 발간한 〈치매 예방 매 뉴얼〉(2011)에는 '다각적 운동 프로그램'으로 홈 트레이

닝, 유산소 운동, 뇌 활력 운동 등을 추천하고 있다. 특히 관심을 끌 만한 '두뇌 활성화 운동'으로 사다리를 바닥에 놓고 복잡하게 걷는 래더스텝 등을 꼽는다. 이 역시 근력 저하를 예방하고 뇌의 노화를 늦추는 데는 효과가 있을 수 있지만, 치매와는 직접적인 관계가 없다.

암산이나 한자 쓰기, 오른손과 왼손으로 다른 동작을 하거나 양손으로 항상 오른손이 이기는 가위바위보를 하는 등의 이른바 두뇌 트레이닝도 뇌의 노화를 늦추는 효과는 있을 수 있지만, 치매와는 무관한 활동이다. 얼마 전까지 국립장수의료연구센터가 주창한 코그니사이즈(cognicise, 뇌를 사용하면서 가벼운 운동을 하는 것. 계단 오르내리기를 하면서 사칙연산을 하거나 걷기를 하면서 덧셈과 뺄셈을 하는 것 등)도 주목을 받았지만, 최근에는 그것에 관한 언급을 거의 찾아볼 수 없다. 이 방법 역시 '치매 예방의 결정타'라고 할 수는 없었던 것 같다.

앞서 소개한 두 개의 매뉴얼은 모두 10년 이상 지난 것으로, 최신 버전은 찾아볼 수 없다. 그 이유는 후생노동성의 매뉴얼에 아래와 같이 적시하고 있다.

"치매 예방에 대해서는 그 근거가 명확하지 않

고, 대상 또한 확실하지 않으며, 그 방법도 명확하지 않다. 치매 예방에 대한 지식과 기술을 가진 인력이 부족하고, 효과를 평가하기 위한 방법이 확립되어 있지 않은 점 등을 그 이유로 들 수 있다."

정직한 설명이다. 치매라는 질병의 본질은 아직 명확하게 밝혀지지 않았다. 뇌의 이상 단백질이 발견되고 치매의 유형은 구분할 수 있지만, 그 본질에 대해서는 아직 분명하게 알지 못한다.

현재의 치매 치료는 결핵균이 발견되지 않았던 시절의 결핵 치료와 비슷하다고 할 수 있다. 일광욕이나 전지요법(날씨가 몸에 미치는 영향을 이용하여 기후나 풍토가 적합한 곳으로 환자를 옮겨 질병을 치료하는 방법), 우유나 달걀 섭취, 대기요법(바닷바람을 쐬는 등), 그리고 인공기흉술(환자의 흉강에 바늘을 찌르고 공기를 주입하여 폐를 위축하는 시술)이나 흉곽성형술(갈비뼈를 절제하여 결핵 병소를 분쇄하는 방법) 등은 어느 정도 효과가 있었지만, 이것들은 결핵의 근본적인 치료법이 아니었다. 결핵이라는 병은 결핵균이 발견되고 나서야 비로소 올바른 예방과 치료가 가능해졌다.

　　치매는 아직 결핵균에 해당하는 그 근본적인 원인이 무엇인지 밝혀지지 않았기 때문에 모든 예방과 치료가 결핵균이 발견되기 이전의 치료법과 크게 다르지 않다고 할 수 있다. 다시 말해, 현재로서는 치매 예방과 치료에 확실한 효과를 보이는 활동 매뉴얼 같은 것은 없다.

치매 치료제의 실체

　　2023년 7월, 미국에서 알츠하이머 신약이 승인을 받았다는 소식이 언론을 떠들썩하게 했다. 일본의 제약 회사도 여기에 관여했으며, 이 회사는 일본 후생노동성에 국내 제조와 판매를 신청했다고 전해졌다. 승인 근거는 이 신약이 치매의 진행을 7개월 반가량 지연시킨다는 것으로, 약 1,800명의 환자에게 18개월간 투약한 결과 치매 중증도를 평가하는 점수의 악화를 27퍼센트 억제했다는 내용이었다. 기사를 보고 나는 고개를 갸웃할 수밖에 없었다. 애초에 치매의 악화 속도는 사람마다 다른데, 무엇을 근거로 악화가 억제되었다고 말하는지 알 수 없었다.

임상시험에서 치매의 진행이 완만했던 이유는 '원래 치매 진행이 더딘 사람이라서'일 수 있다. 즉 약을 먹지 않아도 악화 속도가 둔화됐을 수 있다는 뜻이다. 대규모 임상시험에서는 경향을 본다고 말할 수도 있지만, 앞서 언급했듯이 검사받는 분위기와 사람에 따라 평가 점수가 굉장히 달라질 수 있어서 이것을 기준으로 삼기는 굉장히 애매모호하다. 질문하는 방법, 본인의 원래 성격, 당시의 컨디션 등에 따라 점수가 달라질 수 있다. 그리고 애초에 배회나 거친 모습, 간병에 대한 저항 등 여러 가지 문제를 일으키는 치매의 이상행동(치매의 본질인 기억 장애와 시간, 장소, 사람을 제대로 인식하지 못하는 지남력 장애 등의 증상으로부터 발생하는 이상행동)과 치매 검사 점수와의 상관성도 제대로 입증되어 있지 않다.

게다가 이 약은 치매 증상을 낫게 하는 것도 아니고 진행을 막는 것도 아니다. 단지 진행을 늦추는 것이다. 일본에서 수년 전부터 사용되고 있는 '아리셉트'라는 약도 마찬가지다. 나도 많은 환자들에게 처방을 했지만, 가끔 가족들이 "이 약은 효과가 없는 것 같다"
고 말하는 경우가 있었다. 그럴 때마다 나는 이렇게 대
답했다. "아니, 효과가 있어요. 안 먹었으면 더 나빠졌
을 테니까요."

　　이런 말을 들으면 가족들은 납득할 수밖에 없다.
이미 약을 먹고 있으니까. 하지만 여기에 치매 치료제
의 속임수가 있다. 이번에 신청된 약도 비슷한 효과이기
때문에 복용해도 약의 효과는 실감하기 어려울 것이다.
게다가 이 약은 뇌부종이나 미세 출혈 등의 부작용도
보고되고 있다. 이런 문제가 있는 약의 가격이 1인당 연
간 390만 엔(한화로 약 3,600만 원)에 달한다. 수십만에서
백만 명으로 추정되는 일본 내 알츠하이머 환자 가운데
일부만 복용한다 해도 의료비가 엄청나게 늘어날 것은
불 보듯 뻔하다.

　　신약에 대한 험담만 썼지만, 제약회사들은 막대
한 연구비를 투입하여 열심히 연구개발에 매진하고 있
고, 많은 치매 환자와 가족들이 새로운 치료법을 갈망하
고 있는 것도 사실이다. 그래서 정말 효과적인 약이 나오
기를 희망하지만, 지나친 기대는 하지 않는 편이 좋다.

앞으로 22세기나 25세기쯤 치매의 본질이 제대로 밝혀졌을 때, 그 시대 사람들이 21세기의 치매 치료를 돌아보며 얼마나 우스꽝스럽고 딱하게 여길지 뻔하다. 모르는 것은 모른다고, 없는 것은 없다고 인정하고 포기하는 것. 그것이야말로 현명한 판단에 이르는 길이라고 생각한다.

명료한 정신을 유지하는 것

그런데도 여전히 치매만은 걸리고 싶지 않다는 사람이 적지 않다. 나는 이런 현상이 나쁜 선입견에 세뇌되어 생각이 멈추었기 때문이라고 보고 있다. 선입견으로 세뇌된 사고를 되돌리기 위해서는 반대로 생각해볼 필요가 있다. 즉, 치매에 걸리지 않고 오래 살면 어떨까?

현실을 외면하지 않고 깊이 생각해보면, 가혹한 상황이 떠오를 것이다. 앞서 말했듯이 오래 산다는 것은 곧 계속 나이를 먹어간다는 것이기 때문에, 점점 진행되는 노화로 인해 여기저기 불편함이 발생한다는 말이다.

내가 재택의료로 진료했던 O씨(88세, 여성)는 뇌경색과 노쇠로 완전히 병상에 누워만 있는 상태라 요양 시설에서 지내고 있었다. 평소 정신이 맑아서 시설 직원이 '할머니'라고 부르면 "나는 당신 할머니가 아니에요. 이름을 제대로 불러주세요"라고 말할 정도로 당찬 분이었다.

진찰할 때 "좀 어떠세요?"라고 물었더니, 그것만으로도 슬픔이 밀려오는지 눈물을 펑펑 흘렸다. 왜 그리 우는지 물어보면 "여러분께 폐만 끼치는 것 같아서요"라며 주름진 얼굴을 일그러뜨리고 서럽게 눈물만 흘렸다. O씨는 전직 초등학교 교사로 아이들에게 '어른이 되면 남에게 폐를 끼치는 사람이 되어서는 안 된다'고 엄격하게 가르쳤다고 한다. 그런데 지금은 자신이 누군가에게 간병이라는 짐을 지우고 폐를 끼치는 사람이 되어버린 것 같아 한심하다고 했다.

"간병은 귀찮은 일이 아니에요. 할머니가 잘못한 것도 아니고요. 나이가 들면 누구나 겪는 당연한 일이니까 너무 신경 쓰지 마세요." 그렇게 달래도 "나는 나를 용서할 수 없어요”라며 받아들이지 않았다. 정신이 맑았기 때문에 지금의 상황이 모두 명료하게 인식되고, 노년의 괴로움이 더욱 깊게 가슴에 와닿는 것 같았다.

여담이지만, 아흔세 살에 돌아가신 나의 어머니도 마지막까지 맑은 정신을 유지하셨다. 정신이 얼마나 또렷했는지, 날짜, 요일은 물론 친척 자녀들의 이름도 틀리지 않았다. 매일 신문을 정독하고, 관공서나 보험회사 등에서 온 서류도 다 읽어보고, 필요한 것은 직접 답장을 쓰고, 하루 두 번 혈압을 자가 측정해 노트에 기록해놓으셨다. 대퇴골경부골절로 입원했을 때도 집에서 손톱깎이를 가져와 달라고 해서 어디 있는지 물었더니 ‘거실 서랍장 오른쪽 두 번째 서랍 왼쪽 앞쪽’이라고 답했는데, 실제로 거기에 손톱깎이가 있었다.

내 어머니의 한탄은 하고 싶은 일, 해야 할 일이 많은데 몸이 말을 듣지 않는다는 것이었다. 정원 풀 뽑기, 목욕탕 청소, 불단의 꽃 돌보기, 여름옷과 겨울옷 정리, 사진 정리, 보험 바꾸기, 집 흰개미 대책, 손자 취업 축하, 생일 선물, 그 외 여러 가지 신경 쓸 일이 많은데, 마음먹은 대로 할 수 없어서 한심하다는 것이었다.

혼자 사는 어머니를 아내와 내가 번갈아 뵈러 가면 항상 미안하다, 바쁜데 시간을 내 와줘서 고맙고 미안하다, 이런저런 심부름을 시켜서 미안하다며 계속 미안하다는 말을 되풀이했다. 나이가 들어 몸이 마음대로 움직이지 않는 것은 어쩔 수 없는 일이고, 아내나 나나 귀찮다고 생각한 적이 없으니 미안해할 필요가 없다고 말해도 "그래도…"라며 미안해했다.

O씨 때도 그랬지만, 내 어머니도 가볍게 치매를 앓았더라면 '본인은 그렇게 힘든 현실에 시달리지 않았을 텐데…' 하는 생각이 들었다.

치매는 축복(?)

조금 이상하게 들릴지도 모르겠지만 치매에 걸린 노인들이 얼마나 즐겁고 편안한지, 내가 경험한 사례를 소개하려 한다.

I씨(90세, 여성)는 휠체어를 타고 데이케어센터를 이용하고 있었는데, 겉모습은 평범해 보이지만 HDS-R

점수가 한 자릿수인 중증 치매 환자였다. 집에서는 가족들의 사랑을 듬뿍 받고 있는 것 같았고, 가족들은 그녀를 '할머니임'이라고 부르고 있다고 했다. 그래서 데이케어센터 직원들도 똑같이 I씨를 '할머니임'이라고 불렀다. '할머니임'하고 말을 걸면, "어머. 그래, 무슨 일이니?"라고 표준어 억양으로 상류층 분위기를 물씬 풍기며 대답했다.

데이케어센터에서는 가끔 자원봉사자들의 공연이 열리곤 했는데, 한 번은 무용가가 공연을 한 적이 있었다. 기모노 차림의 무용가가 어르신들이 좋아할 만한 우아한 전통춤을 선보였다. I씨도 열심히 박수를 치고 계셨기 때문에 공연이 끝난 후 나는 I씨에게 다가가서 "아주 열심히 관람하시던데요. 공연이 마음에 드셨나요?"라고 물었다. 그러자 I씨는 "뭐가요?"라고 되물었다. "아, 방금 보신 무용 공연이요." "어머, 무용 공연은 없었어요." 같은 테이블에 앉아 공연을 함께 봤던 노인들도 놀란 얼굴로 I씨를 쳐다보았다. 나도 놀라서 "방금 여기서 무용 공연이 있었잖아요"라고 말했더니, I씨는 태연한 얼굴로 이렇게 대답했다. "어머, 그래요? 나는 보지 못했어요. 정말 안타깝네요.” 그녀는 방금 본 것을 깨끗하게 잊어버린 것이다. 얼마나 깨끗하게 잊어버렸는지, 감탄이 절로 나올 정도였다. 이러한 점 때문에 치매 환자들은 ‘현재만 살아간다’는 말이 있는 모양이다. 과거를 후회하지도, 안 좋은 기억에 짜증이 나지도, 아직 일어나지도 않은 일 때문에 걱정을 하느라 골머리를 앓을 필요도 없다.

또 한 명의 재택의료 환자 H씨(89세, 남성)는 진료 초기까지 머리가 똑똑하고 정신이 맑았다. 하지만 그 때문인지 죽는 것이 두려워 어쩔 줄 몰라 하는 환자였다. 감기에 걸리면 폐렴을 걱정하고, 심장이 두근거리면 심부전을 의심하고, 손발이 저리면 뇌졸중 발작이 두렵다며 이것저것 약을 처방해달라고 했다. 그랬던 H씨가 뇌경색으로 쓰러졌다. 다행히 손발이 마비되지는 않았지만, 뇌혈관성 치매가 급속도로 진행되었다. 그러면서 질병에 대한 걱정을 전혀 하지 않게 되었다. 물론 죽음에 대한 두려움도 입에 담지 않았다. 죽음에 대한 개념이 사라져버린 것 같았다.

집에서 돌보기 힘들어져 시설로 옮겼는데, 내가

진찰하러 가서 보면 복도에 서서 하모니카를 귀에 대고 누군가와 통화하는 것처럼 무언가를 중얼거리고 있었다. "진찰하러 왔어요"라고 인사하면 "감사합니다"하고 미소 지으며 대답했다. 어제의 일도, 내일의 일도 생각하지 않고 오직 '현재'의 대화가 이루어졌다. 질병과 죽음을 두려워했을 때는 늘 언짢고 불안해 보였는데, 치매를 앓고 나서부터는 마치 깨달음을 얻은 듯 평온한 표정으로 바뀌었다.

H씨에게 어느 쪽이 더 바람직한지는 분명하지 않을까? 언제까지나 명석한 두뇌가 작동했다면, 노년의 괴로움과 비참함을 여실히 느꼈을 테고 불쾌한 과거와 불안한 미래에 대한 생각에 시달렸을 것이다. 반면, 치매에 걸리면 고민이 모두 사라지고 '현재'만 살아가는 존재가 되는 것이다.

내가 경애하는 작가 미즈키 시게루의 단편만화 《외눈박이 요괴》에 이런 대사가 나온다. "고양이와 개도 인간만큼 걱정하지는 않는 것 같아……." 인간은 눈이 두 개라 미래와 과거를 생각하며 걱정이 끊이지 않지만, 외눈박이 요괴는 '어린아이처럼 지금밖에 안 보이기 때문에 고민이 없다'는 것이다. 이 대사를 읽으면서 나는 집에서 키우던 반려견이 늙어서 백내장으로 시력을 잃고 귀도 들리지 않게 되었을 때, 후각에만 의존하면서도 산책과 식사, 배설을 정상적으로 해냈던 기억이 떠올랐다. 그 무렵 내 어머니도 안저출혈로 한쪽 눈이 불편해지고 노인성 난청으로 대화가 잘 들리지 않게 되었다. 나이 드는 과정이 마음대로 되지 않는 것을 한탄하며 자꾸만 앞날을 걱정하고 불안에 떨던 어머니의 모습과는 대조적이었다.

치매에 걸리면 어린아이나 개, 고양이처럼 '지금'만 남게 되므로, 온갖 번민이 사라지는 것 같다. 어떤 의미에서 치매는 축복일지도 모른다.

나만 치매에 걸리는 게 아니다

많은 사람들이 치매에 걸리면 어쩌나 걱정하지만, 결혼한 사람은 배우자가 먼저 치매에 걸릴 수도 있다는 것을 기억해야 한다. 이러한 상황을 미리 생각해두지 않아서 비참한 상황에 빠질 뻔했던 C씨(74세, 남성)의 사례를 소개하고자 한다.

C씨는 자신의 72세 아내가 중증 치매에 걸리면서 내게 재택의료를 의뢰했다. 간호사와 함께 방문했지만, 인터폰을 눌러도 좀처럼 응답이 없었다. 부재중인가 싶어 돌아서려는데, 검은 뿔테 안경을 쓴 C씨가 굉장히 불쾌한 얼굴로 문을 열어주었다. 집 안으로 들어가니 거실 TV는 게임의 화면이 정지되어 있었고, 탁자 위에는 게임 컨트롤러가 놓여 있었다. C씨는 한창 게임을 하고 있었던 것 같았다. 집에 들어서자마자 심한 크레솔 냄새가 나서 C씨에게 영문을 물어보니, 아내가 다다미에 소변을 보아서 그 냄새를 없애려고 뿌렸다고 했다.

"정말 성가시네요. 저는 오랜 시간 가족을 위해 일해왔고, 나이가 들면 집사람에게 신세를 지려고 했는데, 이 모양 이 꼴이 되었다니까요."

C씨가 턱으로 가리키는 곳에는 셔츠와 기저귀 차림으로 네 발로 기어다니는 그의 아내가 있었다. 흰 머리를 늘어뜨리고 다리는 다 드러낸 채, 마치 버림받은 노견처럼 비참한 모습이었다.

C씨는 우울하다고 했다. 은퇴 후 여유롭게 노후를 보내려고 했는데, 뜻하지 않게 아내가 중증 치매에 걸려 간병을 떠맡게 된 것이 원인 같았다. 그 울분을 달래기 위해 비디오 게임에 열중했을 테고. 내가 C씨의 아내를 진료하기 시작한 게 벌써 20년 전이다. 당시만 해도 노쇠한 남편을 아내가 돌봐야 한다고 생각하는 남성이 많았던 것 같다. 하지만 아내가 먼저 치매에 걸리는 경우도 적지 않았고, 마음의 준비가 되어 있지 않았던 남편은 자신이 아내를 간병하게 될 줄 몰랐다는 생각에 괜히 화가 났다. 그러면서 상황은 악화되었다.

어느 날 C씨 집에 진료를 위해 방문했더니 한겨울인데도 창문이 전부 열려 있었고 그의 아내는 반나체 상태로 기저귀를 차고 그 위에 끈이 칭칭 감겨 있었다. C씨에게 사정을 묻자, 수면 부족으로 비몽사몽인 목소리로 이렇게 말했다.

"어젯밤에 제가 목욕탕에서 나오니 이불이 축축하게 젖어 있었어요. 이불에 오줌을 싼 겁니다. 기저귀를 차고 있는데도, 일부러 기저귀를 벗고 소변을 보는 거예요. 어쩔 수 없이 이불 홑청을 벗겨서 세탁기에 돌리고 건조기까지 돌려서 겨우 한시름 놓았다고 생각했는데, 이번에는 대변을 다다미에 문지르고 있었어요. 내가 이렇게 빨고 말리고 뒤처리를 하고 있는데, 도대체 무슨 생각으로 이런 짓을 하는 걸까요. 바로 화장실에서 손을 씻게 하고 젖은 걸레로 다다미를 닦아내고 드라이어로 말렸는데도 냄새가 사라지지 않아 크레졸을 뿌려댔습니다."

치매 환자가 화장실 위치는 몰라도 배변 시 옷을 내려야 한다는 의식은 남아 있어서, 일부러 착용한 기저귀를 벗고 소변과 대변을 보는 경우가 더러 있다. 물론 본인은 악의가 없지만, 뒤처리를 감당해야 하는 가족으로서는 가혹한 일이다.

이때 C씨 아내의 봄이 너무 차가워져서 감기에 걸릴 것 같았기 때문에, 급히 케어매니저(일본에서 간병 서비스 전반을 담당하는 전문 인력)와 상의하여 도우미 파견과 주간돌봄 서비스를 결정했다. 그때까지도 C씨는 타인의 도움을 받기 싫다고 완강히 거부했지만, 어쩔 수 없었다. 이대로 가다가는 학대를 넘어 살인까지도 이어질지 모르는 상황이었으니까.

치매 간병 비법1

그날 이후 케어매니저의 지도에 따라 C씨는 점차 아내를 능숙하게 간병할 수 있었고, 학대의 비극도 피해갈 수 있었다. 가장 큰 문제였던 배변은 '화장실 유도'라는 방법으로 해결했다. 변이 나오기 전에 미리 화장실로 데리고 가는 방법인데, 나오든, 나오지 않든 변기에 앉는 습관을 들이고, 나오면 칭찬을 해주는 방법이다. 유아의 배변 훈련과 같은 방식이다.

C씨는 본래 성실한 사람으로, 일을 잘하기 위해 노력하고 궁리하는 성격이었다. 화장실 유도도 꼼꼼히 기록해서 아내의 표정이나 움직임을 보고 타이밍을 파악하는 등 어느 정도 시간이 지나자 간병 실력이 쑥쑥 늘었다. 그전까지 방치하다시피 했던 식사도 토스트를 16등분 해서 먹이거나 빵으로 죽을 만들어 먹이는 등 여러모로 궁리하는 모습을 보였다. 그러다가 아내가 시나몬슈가를 좋아한다는 것을 알게 되었을 때는 기뻐하며 내게도 그 사실을 알려주었다. 간병도 일로 간주하여 이토록 열심히 해서 성취감을 얻을 수 있다면, 워크

홀릭인 남성에게도 잘 맞는 일일 수 있겠다는 생각이 들 정도였다.

또한 상황이 안정되면서 C씨는 젊은 시절 일에 몰두하느라 아내에게 여러 가지 걱정을 끼치고 고생시켰던 일들이 떠올랐고 그 때문에 치매에 걸린 것은 아닐까 하는 마음이 생겨났다고 했다. 그래서 사죄의 마음으로 간병을 하자, 분노와 불쾌감이 사라지고 정신적으로도 많이 건강해졌다.

13년 동안 재택의료로 많은 치매 환자를 진료하면서 살펴보니, 능숙하게 잘 간병하는 가정이 있는가 하면, 간병이 어려워 고생하는 집도 있다는 것을 알게 되었다. C씨처럼 간병에서 일종의 성취감을 느끼거나 죄책감을 극복하기 위해 간병을 한다는 식으로 간병인의 '마음의 기둥'이 잘 버티고 있으면 치매 환자가 일으키는 여러 가지 문제에도 비교적 차분하게 대처할 수 있다.

감사하는 마음 덕분에 간병이 수월해진 가정도 있었다. B씨(82세, 남성)는 대화가 거의 불가능할 정도의 중증 치매를 앓고 있었다. 쓰레기를 흩뿌려놓고 옷 갈아입기를 싫어했지만, 며느리가 성심성의껏 간병하고 있었다. 시아버지와 며느리는 원래 남남인데 어떻게 그렇게 극진히 간병할 수 있냐고 묻자 며느리는 이렇게 대답했다.

"아버님이 지금은 이런 모습이지만, 저희 부부가 결혼할 때 우리 편이 되어 여러 가지로 도움을 주셨어요. 지금도 감사하고 있기 때문에 이 정도 고생은 견딜 만해요."

치매 간병의 실패 패턴

정서적으로 충분한 지지를 받고 있다 하더라도 예상치 못한 문제가 발생하면 인간은 감정적으로 변하기 마련이다. '이렇게까지 될 줄 몰랐다'는 분노와 슬픔 같은 것들에 휘둘리기 십상이다. 그렇다면 미리 상상의 범위를 최대한 넓혀서 어떤 일이 벌어져도 예상 범위 안의 상황이 된다면, 조금은 더 편하게 받아들일 수 있지 않을까? 이른바 마음의 준비를 하는 것이다.

C씨의 경우도 마찬가지였다. 처음에는 이불 위에서 소변을 보는 것은 말도 안 되는 행동이라고 생각했기 때문에 아내에게 화가 났던 것이다. 그런데 치매 환자에게 그 정도는 있을 수 있는 일이라고 생각한다면, 배뇨 실수를 해도 학대로 이어질 정도로 화를 내지 않을 것이고 미리 예방책을 마련해두는 것도 가능할 것이다. 따라서 치매 간병을 시작한다면, 최악의 상황을 가정하고 마음의 준비를 하는 것이 중요하다. 치매에 대한 예습을 한다고 생각하면 좋을 것 같다.

그러나 실제로는 가능한 한 문제를 일으키지 않았으면 좋겠다고 생각할 것이다. 배뇨 실수, 대변을 가지고 놀거나 이불이나 벽에 묻히는 행동, 먹을 수 없는 것을 먹는 것, 간병에 대한 저항, 착란, 배회, 폭력, 폭언, 고성이나 괴성, 허술한 불 단속, 누가 자신의 물건을 훔쳐갔다고 믿는 피해망상 등 여러 가지 이상행동들에 관해 알고 싶지 않은 이들도 많을 것이다.

물론 나는 그 마음을 충분히 이해한다. 이런 것들을 모르고 지나간다면 그보다 더 행복한 일은 없을 것이다. 하지만 현실적으로 가족 중 누군가가 치매에 걸릴 가능성을 부정할 수 없다. 많은 가족들이 간병이라는 가혹한 악순환의 고리에 빠져 고통받는 것을 수도 없이 지켜봐온 나로서는 역시 제대로 된 지식과 마음의 준비가 중요하다고 강조하지 않을 수 없다. 정확히 알지 못하면, 오히려 상황이 악화될 수도 있다.

또 다른 치매 간병 실패 패턴 중 하나는 가족들이 치매를 치료하고 싶어 한다거나, 더 이상 악화시키고 싶지 않다고 생각하는 경우다. 지극히 당연한 감정이라고 할 수 있으나, 이로 인해 많은 가정에서 상황이 악화되어 간병이 어려워진다. 치매 당사자에게 불필요한 스트레스를 주어 정신적으로 피곤하게 만들기 때문이다.

치매 환자는 자신이 병에 걸렸다는 것을 인지하지 못한다. 그래서 자신이 이상한 행동을 하고 있다는 자각도 없다. 그런데 자신이 모든 문제의 원인인 것처럼 혼을 내거나 소리를 지르면, 당연하게도 기분이 언짢아진다. 자신이 잘못한 게 아닌데 비난이나 꾸짖음을 듣는 것처럼 힘든 일도 없기 때문이다. 그 불쾌감과 괴로움은 환자 본인을 혼란스럽게 하고, 인지기능을 악화시켜 더 많은 문제를 일으키게 만든다. 그래서 가족들은 또다시 화를 내고 곤란해하는 악순환에 빠지게 된다.

치매를 치료하고 싶어 하는 가족은 치매라는 질병만을 부정하려는 것이지만, 치매 당사자는 자신의 존재 자체를 모두 부정당하는 것처럼 느낀다. 얼굴을 마주하지 않더라도 성가시다는 듯 대하면, 치매 환자들도 그걸 민감하게 감지한다. 치매 환자의 실수를 비난하고 책망하면 무엇 때문에 혼났는지는 잊어버리지만, 기분 나쁜 감정은 남는다. 게다가 치매 환자들은 대부분 고령이라 바로 반론하거나, 복수할 수도 없다. 그래서 무의식 중에 간병인이 곤란해하는 행동을 반복하는 게 아닐까? 즉, 간병인에 대한 치매 환자의 문제 행동은 치매 환자의 '소심한 복수'라고도 볼 수 있다.

그렇다면 치매 환자에게 편안한 상황을 만들어주면 문제도 줄어들까? 앞서 언급한 C씨나 B씨의 경우처럼 감사하는 마음이나 속죄하는 마음으로 환자에게 너그럽게 대한다면, 치매 환자도 불쾌한 감정과 스트레스가 줄어 이상행동도 함께 줄어드는 것 같다(단지 나의 경험담일 뿐, 과학적 근거가 있는 것은 아니다).

치매 간병 비법2

치매를 낫게 하고 싶다거나 더 이상 악화시키지 않으려는 마음이 간병의 실패로 이어지기 쉽다고 했는데, 그럼 어떻게 해야 할까? 일단 치매를 부정하지 않고 받아들여야 한다. 예전에는 치매를 '노망' 등으로 부르며 나이가 들면 어느 정도 어쩔 수 없는 것이라고 여겼다. 자연스러운 노화 현상의 하나였기 때문에 치료하려는 사람도 거의 없었다. 하지만 이제 치매가 질병이라는 인식이 생기면서 예방과 치료를 기대하는 사람이 늘고 있다.

그래서 자신의 부모가 치매 증상을 보이면 당황해서 날짜를 물어보거나, 전날 저녁에 무엇을 먹었는지, 손주들의 이름을 말해 보라는 사람들이 있는데, 이것은 절대 하면 안 되는 행동이다. 대답을 하든, 못 하든 노인에게 악영향을 미치기 때문이다.

이런 류의 질문을 받으면 노인들은 치매를 의심받고 있다는 걸 강하게 의식하게 된다. 이미 당사자도 불안함을 느끼고 있고 언제 발병할지, 이미 발병한 것은 아닌지, 혼란스러운 상황에서 이런 질문을 받으면 불안감이 걷잡을 수 없을 정도로 커진다. 또한 자존심도 상하고, 곧 분노와 짜증으로 이어져 오히려 정신건강이 악화된다. 나이가 들수록 말이나 행동을 왜곡하여 해석하는 경우가 많아지기 때문에 치매를 의심하면, 자신을 훼방꾼이나 귀찮은 존재로 취급한다거나 빨리 죽길 바란다고 곡해하는 경우도 있다.

노인들은 치매가 아닌데도 알고 있는 걸 대답하지 못하는 경우가 종종 있다. 젊은 사람들도 배우의 이름이나 식사 내용을 말하지 못하는 경우가 있는 것처럼 말이다. 알고 있는데도 대답을 못 해서 상대가 제멋대로 내가 모른다고 생각하는 것은 매우 굴욕적인 일이나. 그런 불쾌한 상황을 만들기보다는, 설령 발병하더라도 담담하게 받아들겠다는 마음으로 어르신을 대하면 저절로 분위기가 평온하게 흘러간다.

아이에게 "할아버지, 내 이름 알아요?"라는 식으로 말하게 하는 것도 좋지 않다. 알고 있는데 혹시라도 대답하지 못하면, 어르신은 곤란한 입장에 놓이게 된다. 그런 시련을 주는 것보다 "할아버지, 저 아무개에

요. 놀러왔어요”라고 말해주면 “오, 아무개구나. 잘 왔
다”라고 웃으며 대응할 수 있는 것이다.

또 다른 경우도 있다. 커피숍에서 “어떤 거 드
시겠어요?”라고 갑자기 물어보면 치매 환자는 바로 대
답을 하지 못할 수도 있다. “커피로 할까요? 아니면 홍
차?”라고 구체적으로 선택하게 하면 “커피로 하지”라고
대답하기 쉬워진다. 이런 테크닉도 치매를 고치겠다는
생각보다는 받아들이는 것에서 시작되는 작은 변화다.

더 이상 노인을
공경하지 않는 시대

‘경로의 날’(敬老の日)은 노인을 공경하자는 취지
로 정해진 일본의 공휴일 중 하나다. 물론 노인이라고
해서 모두가 존경받을 자격이 있는 것은 아니다. 훌륭
한 인격을 지닌 노인이라면 굳이 ‘경로의 날’이 아니더
라도 일 년 내내 존경받을 것이고, 성가신 노인은 ‘경로
의 날’에도 공경을 받기 어려울 것이다.

　　20세기 중반까지만 해도 대체로 노인은 자연스레 존중과 존경을 받았다. 세상의 변화 속도가 느렸기 때문에 다양한 경험을 쌓은 노인들의 문제해결 능력이 경험이 적은 젊은이들의 그것보다 뛰어났기 때문이다. 모르는 것이 있으면 연장자에게 배우고, 곤란한 일이 생기면 선배의 지혜를 빌려 해결했다. 그러다 보면 감사하는 마음과 존경심이 자연스럽게 생겨났다. 그런데 세상이 변하면서 상황이 완전히 달라졌다. 젊은이들이 거의 모든 것을 노인들에게 알려줘야 하는 세상이 된 것이다.

　　노인들은 시대의 발전을 따라잡지 못한다. 젊은이들이 아무리 가르쳐줘도 잘 이해하지 못한다. 같은 실수를 반복하고, 가르쳐줘도 자꾸 잊어버린다. 그런 둔하고 느린 노인을 젊은이들이 존경해줄 리 없다.

　　나이를 먹는다는 것은 인간으로서 성숙해지는 것이다. 이런 가치관에 동의한다면, 여전히 많은 젊은이들이 노인에게 존경하는 마음을 갖게 될 것이다. 하지만 현대 사회에서는 젊음과 강한 힘, 아름다움이 가치의 기준이 되고 있다. 그래서 늙고 약하며 추해진 노인들은 인간으로서의 가치가 떨어지는 것처럼 보인다. 그래서 점점 더 존경받지 못하고 있다. 게다가 노인들 스스로도 '언제까지나 건강하고 젊게 살고 싶다'고 말하면서 사실상 젊은이를 부러워하는 마음을 드러내기 시작했다. 그 시점에서 이미 젊은이들은 상대적으로 우위에 서게 되고, 노인을 존경한다는 생각을 가질 수 없게 되었다.

예전에는 '원로' 혹은 '어르신' 등 존경받는 노인을 뜻하는 단어들이 있었지만, 현재 일본에서는 이런 말을 거의 쓰지 않는다. 왜 존경받는 노인이 줄어들었을까? 내가 노인 데이케어센터 클리닉에 있을 때 한 여성으로부터 이런 상담을 받은 적이 있다. "아버지가 올해 여든이 되셨는데, 화를 잘 내고 이기적이고 불평불만만 늘어놓으세요. 사람은 나이를 먹으면 인격적으로 성숙해지고 훌륭해진다는데, 우리 아버지는 왜 이러실까요?" 그 여성의 아버지는 데이케어센터에서도 자주 화를 내고 짜증을 내며 직원들에게 불평을 늘어놓았다.

그런데 자세히 보니 폐기종과 심부전으로 호흡이 거칠고 다리도 약해졌으며 무릎도 아파보였다. 그런 괴로움 속에서 매가 유유히 하늘을 날듯이 대범하고 여유로운 태도로 사람을 대하는 건 무리였을 것이다. 그래서 나는 여성에게 이렇게 말했다. "아버지는 지금 살아 있는 것만으로도 고통스러워요. 그래서 인격적으로 행동하기 힘드신 겁니다."

이와 같은 육체적 고통이 없더라도 노화가 진행되면, 기억력이나 사고력이 약해지는 것처럼 인내심과 자제심도 부족해진다. 그래서 참고 견디지 못하고 화를 내거나 제멋대로 행동하는 것이다.

나이가 들면 인격자가 된다는 말이 틀린 말은 아니지만, 기껏해야 70세 전후까지일 것이다. 그 정도 나이가 되면 여러 가지 경험을 통해 필요 없는 것, 쓸데없는 것을 구별하고 정신적 여유와 자제심을 갖추고 있을 테니 젊은이들이 보기에는 인격자처럼 보일 수도 있다. 옛날에는 대부분 그 정도 나이에 대부분 사망했기 때문에 나이가 들면 인격자가 된다고 했던 것이다. 하지만 요즘은 그보다 20년 정도 더 살기 때문에, 노인들이 몸과 마음이 쇠약해진 모습을 보이면서 젊은 세대의 존경을 받지 못하는 것이 아닐까? 이렇게 약해 빠진 노인을 공경하라는 건 무리한 주문처럼 보인다.

진정으로 젊은이들로부터 공경받기를 바란다면

노인 스스로가 존경받을 만한 존재가 되어야 한다. 방법은 있다. 자신의 노화와 고통을 담담히 받아들이고, 명예와 이익을 향한 욕심을 버리고, 상황이 뜻대로 되지 않더라도 화내지 않고, 권위적으로 굴지 않고, 자랑하지 않고, 젊은이들에게 길을 열어주고, 운명을 거스르지 않겠다는 마음의 여유를 가져야 한다. 어려운 주문이다. 하지만 어렵기 때문에 존경을 불러일으키는 것이다.

제4장

의료환상, 불행의 원인

'의료환상'이란 무엇인가

모든 일에는 좋은 면과 나쁜 면이 있다. 의료도 마찬가지다. 하지만 모두 의료의 좋은 면만 이야기하다 보니 세상은 '의료환상'에 빠져 있다. '의료는 대단한 발전을 이루었다', '지금까지 치료할 수 없었던 병을 이제는 치료할 수 있게 되었다', '의료에 의존하면 안심할 수 있다', '건강검진을 받아두면 걱정이 없다' 등의 생각 늘이 모두 의료에 대한 환상을 보여준다.

하지만 의료의 좋은 면뿐만 아니라 나쁜 면도 알고 있는 나로서는 이 상황에 불편함을 느끼지 않을 수 없다. 의료의 한계와 불완전함, 부조리와 불확실성에는 눈을 감아도 되는 것인지, 그리고 한 걸음 더 나아가 의료의 나쁜 면까지 알아야 비로소 환자와 의료인이 건강한 관계로 이어질 수 있는 것은 아닌지 생각하고 고민

해봤다. 하지만 부정적인 이야기는 듣고 싶어하지 않는 사람도 많은 것 같다.

의료인들도 의료에 대한 부정적인 이야기는 언급하기를 꺼린다. 그런 이야기가 자기 부정으로 이어지기 때문이다. 누구라도 자신이 하는 일의 나쁜 면을 이야기하고 싶지는 않을 것이다. 하지만 의사들끼리 술자리에 가면 세간에 함부로 할 수 없는 이야기들이 쏟아져 나온다. 예를 들어, 쓸데없는 검사나 치료는 수익을 올리기 위한 것이라든가, CT촬영을 하면서 방사선을 잔뜩 뒤집어쓰는 것이 무섭다든가, 만취한 다음 날이나 부부 싸움 후에 시행된 외과 수술은 경과가 안 좋다든가, '만약을 대비해서'라는 편리한 말로 약과 검사를 추가한다든가, 암 검진은 허점투성이라든가, '암 난민'(일본에서 암에 대한 의사의 설명과 치료법에 납득하지 못해 여러 병원을 전전하는 사람들을 이르는 말_번역자주)이라는 말은 언론이 생트집을 잡고 억지 부리는 것이라든가, 치매는 치료할 수도, 예방할 수도 없지만 사실대로 말하면 환자가 오지 않을 것 같아서 말하지 않는다는 등등.

의사도 사람이기 때문에 능력과 체력에는 한계

가 있고, 인격적으로 훌륭한 사람만 있는 것도 아니며, 정신적으로 항상 안정되어 있는 것도 아니다. 지금은 전문 분야가 세분화되어 있기 때문에 자신의 전문 분야 외에는 잘 모르는 의사들도 많다.

그럼에도 불구하고 사람들은 의료인에게 슈퍼맨 같은 능력과 그리스도나 석가모니와 같은 인격을 요구한다. 최고의 기술과 폭넓은 최신 지식을 갖추고 항상 환자를 생각하며, 실수 없이 정확한 판단을 내리면서도 환자의 마음에 공감하고 이해하기 쉽게 설명해주며, 성실한 데다 친근하고 믿음직한 존재 말이다.

예전에 어느 신문 사설에서 '환자의 질병을 치료하는 것은 당연하고, 환자 개개인의 고민과 고통에 공감하고, 신체뿐만 아니라 정신적인 면에서도 세심하게 대응해주면 좋겠다'는 글을 보고 깜짝 놀랐다. 성격도, 인생 경험도, 가지고 있는 정보도 모두 다른 개인에게 그런 대응을 할 수 있을 리가 만무하기 때문이다. 그렇게 할 수 있다고 생각한다면 그야말로 환상이다.

모두가 보는 신문 사설에 거리낌 없이 그렇게 쓰여 있으니, 세간에서는 그것이 당연하다고 생각하는 듯

싶다. 의사들도 "그런 게 가능할 리가 없잖아"라고 말하면 성실하지 않다, 의욕이 없다, 노력이 부족하다는 비판을 받을까 봐 의사들끼리 모이는 자리가 아니라면 그런 이야기는 입도 뻥긋하지 않는다.

이렇게 비의료인과 의료인 사이에는 의식의 측면에서 큰 괴리가 있다. 이로 인해 현장에서 불필요한 알력과 실망, 다툼이 빈번하게 발생하는 것이다.

코로나 팬데믹으로 본
의료환상

나는 의사들이 좀 더 정직했으면 좋겠다고 생각한다. 물론 자존심이 강한 사람들이라 세간의 기대에 부응할 수 없다고 말하기가 쉽지 않다는 것도 잘 알고 있다. 마찬가지로 전문가들도 "그건 잘 모릅니다"라는 말을 입 밖으로 내기 어렵다.

2020년부터 약 3년 동안 전 세계를 휩쓴 코로나 19 팬데믹 당시 세간에서는 전문가들의 의견을 강력하게 요구했다. 어떻게 하면 예방할 수 있는지, 감염되면 어떻게 해야 하는지, 언제까지 격리해야 하는지 등에 대해서 말이다.

그러나 신종 코로나 바이러스는 이름 그대로 '신종'이었기 때문에 연구 데이터가 축적되어 있지 않았다. 따라서 확실한 예방법이나 치료법을 이야기하기 어려웠다. 그럼에도 불구하고 "새로운 바이러스이기 때문에 확실하게 말할 수 없다"고 말하는 전문가는 전무했다. 그런 말을 하면 신뢰를 잃고 아무도 자신을 찾지 않을 것이기 때문이다.

그래서 발표된 것이 과거 데이터를 바탕으로 한 추측이었다. 그것이 맞는지, 아닌지는 시간을 들여 데이터를 수집하고 검증해야만 알 수 있었다. 그럼에도 미디어와 정부는 전문가들의 말만 듣고, 대화하지 마라, 밀폐된 공간에 머물지 마라, 밀착하지 마라, 밀집하지 마라, 마스크를 착용해라, 알코올 소독을 해라, 아크릴판을 세워라, 가게 문을 닫고 영업하지 마라, 외출하지 마라, 술 마시지 마라, 소란스럽게 하지 마라, 노래하지 마라 등 생활에 엄격한 제한을 가했다.

전문가의 의견이지만 어디까지나 참고자료일 뿐, 확실한 것은 아니었다. 그러나 대부분 냉정하게 판단하지 못했다. 만약 우리가 올바른 판단을 했다면 자숙경찰(코로나19 팬데믹 당시 일본 방역 정책의 주축이었던 자숙, 혹은 격리 지침을 위반한 개인이나 자영업자 등을 사적으로 감시, 적발, 공격했던 일종의 자경단)의 괴롭힘 같은 불상사는 발생하지 않았을 것이다. 그리고 마스크를 잊고 전철을 탔다고 해서 범죄자 보듯 하는 일도 없었을 것이다.

치매 조기 발견과 치료에 대한 의문

후생노동성이나 의사협회의 발표를 보면, 치매는 조기 발견과 치료가 중요하다고 강조하고 있다. 실제로 독거노인의 경우, 치매를 방치하면 본인뿐 아니라 주위 사람들까지 다양한 위험(실화나 가스 누출 등)에 노출될 수도 있으므로 조기에 발견해서 대처하는 것이 좋다. 그럼 가족과 함께 사는 경우나, 가까운 거리에 돌봐줄 가족이 있는 경우도 마찬가지일까?

나는 치매의 조기 발견과 치료가 당연히 중요하다고 말하는 사람들이 어느 정도 '의료환상'에 사로잡혀 있다고 생각한다. 왜냐하면 현 단계에서는 치매를 일찍 발견해도 치료법이나 진행을 막을 수 있는 방법이 아직 발견되지 않았기 때문이다. 반면 조기 발견으로 인한 고통은 명확하다. 본인은 물론이고 주변에서도 치매를 강하게 의식함으로써 모두가 불필요한 스트레스를 받게 될 우려가 있다. 사소한 건망증이나 착각마저도 치매 때문이 아닌가, 치매가 심해진 것 아닌가 의심하게 된다.

또한 치매 진단을 받으면 아무리 초기라고 해도 자신이 치매라고 반복적으로 생각하면서 자기 암시에 빠져 쉽게 우울해진다. 후회하고 억울해해서 오히려 병의 진행이 빨라질 위험도 있다. '모르는 게 약'이라는 말이 있듯이, 병에 대한 자각이 오히려 병을 악화시킬 수도 있다.

의사 중에서도 치매를 조기에 발견하는 것이 좋다고 검사를 권유하는 사람이 있는데, 발견한 후에는 어떤 치료를 진행하는지 궁금하다. 앞서 말했듯이 현존하는 치료제는 치매를 치료하는 것이 아니다. 그렇다고 진행을 막는 것도 아니다. 단순히 진행을 늦추는 반쪽

짜리 치료법이다. 진행을 늦출 수라도 있으면 좋은 것 아니냐고 생각하겠지만, 본래 치매는 사람마다 진행 속도가 다르기 때문에 실제로 진행이 느려졌는지 여부는 누구도 알 수 없다.

나는 재택의료를 하면서 300여 명에 달하는 치매 환자에게 치료제를 처방했지만, 증상이 조금이라도 개선된 것 같다고 느껴진 환자는 단 한 명뿐이었다. 오히려 약의 부작용으로 흥분하거나 배회 증상이 심해진 환자가 두 명 있어서 바로 투약을 중단했던 적도 있다. 나머지 297명에게는 거의 변화가 없었다. 물론 이 환자들이 약을 먹지 않았다면 병세가 악화되었을 수도 있다. 하지만 반대로 약을 먹지 않았다 하더라도 변화가 없었을 수도 있다.

앞서 언급했듯이, 환자 본인과 주변 사람들이 모두 치매를 받아들이는 마음가짐을 갖게 되면, 조기 진단과 조기 치료의 의무감에서 벗어나 '나이가 들면 다 이런 것이지' 하고 가볍게 받아들일 수 있지 않을까 생각한다. 그런 상황이라면 설령 치매에 걸리더라도 비교적 이상행동 없이 평온하게 지낼 수 있지 않을까 싶다.

재활치료에 대한 환상

예전에 근무했던 노인 데이케어 클리닉에서는 물리치료사가 여러 가지 재활치료를 진행했다. 뇌경색으로 휠체어 생활을 하던 J씨(78세, 여성)가 재활치료 덕분에 본인 다리로 조금씩 걸을 수 있게 되었다. 일어설 수조차 없었던 이전과 비교하면 큰 진전이었다. J씨는 눈물을 흘리며 기뻐했다.

"선생님, 감사합니다. 이렇게 기쁠 수가 없어요." 나는 데이케어 이용자들에게 이 기쁜 소식을 알렸다. "J씨는 여러분의 격려에 힘입어 걸을 수 있게 되었습니다. 여러분도 힘내세요." 직원들이 박수를 치자 이용자들도 따라서 박수를 쳤다. 근처에 있던 J씨의 친구가 "그동안 정말 수고했어"라며 어깨를 두드리자, J씨 얼굴은 기쁨의 눈물로 범벅이 되어버렸다.

그때, 갑자기 같은 보행장애를 가진 G씨(72세, 남성)가 손을 번쩍 들며 말했다. "선생님, 저에게도 마이크로(초음파 치료기)를 해주세요. 롤러베드도 해주시고, 재활치료 횟수도 더 늘려주세요. 부탁드립니다." 인내의

한계를 넘어선 듯한, 절박한 목소리였다. G씨의 보행장
애는 조금 특이한데, 거북이처럼 등이 둥글게 말린 데
다 변형성 무릎관절염으로 극단적인 O자형 다리가 되
어 잘 걷지 못했다. 신경증상으로 지팡이도 잘 못 짚었
다. 뇌경색이나 파킨슨병과도 다른 희귀한 병증이었다.
대학병원에서도 검사를 받았지만 진단이 내려지지 않아
정확한 병명을 알 수 없었다. 그래서 더욱 불안하고 초
조했을 것이다.

"대학병원에서 진찰을 받았는데도 왜 모르는 걸
까? 제대로 진찰을 해준 게 맞나?" G씨는 몇 번이고 이
말을 반복했다. 그는 대학병원이라면 어떤 병이든 다
알고 있다고 믿었던 것 같다. 하지만 당연하게도, 대학
병원에서도 모르는 것은 얼마든지 있다.

많은 노인들이 장애가 발생하면 그 원인을 알고
싶어한다. 병명이 무엇인지 알고 싶은 것이다. 그래서
병명을 알면 조금이나마 안심하는 듯싶다. 치료하면 된
다는 희망을 가질 수 있으니까. 오히려 "병이 아니에요.
나이 탓입니다"라는 말을 들으면 실망한다. 노화는 치
료할 수 없다고 생각하기 때문이다.

G씨의 보행장애는 신경성이며, 넓은 의미에서 노화로 인한 신경의 기능 저하가 그 배경이다. 언제 넘어질지 알 수 없어서 휠체어를 권유하지만 그는 완강하게 거부했다. "아직 그런 건 필요 없어요. 그보다 마이크로를 부탁합니다."

초음파 치료기는 마이크로파를 조사하여 혈액순환을 개선하고, 통증 완화를 위해 사용하는 것이기 때문에 G씨의 보행 장애에는 효과가 없다. 그럼에도 불구하고, 이전부터 물리치료사에게 초음파 치료를 해달라고 보챘다. G씨의 경우에는 효과가 없다고 설명해도 납득할 수 없다면서 계속 졸라 직원들을 곤란하게 했다.

그런데 이번에 관절통으로 초음파 치료를 받던 J씨가 걷게 되자, G씨는 마음이 조급해지고 애가 타서 가만히 있을 수 없었던 것이다. 그래서 내게 직접 호소했던 것이다.

G씨의 걷고 싶은 마음은 이해하지만, 재활치료만 하면 아프기 전으로 돌아갈 수 있다는 것은 환상에 불과하다. 냉정하게 들릴지 모르지만, 재활치료의 실제 효과는 세간에 알려진 것보다 훨씬 적다. 예전에는 의

료보험으로 재활치료를 무제한으로 받을 수 있었다. 하지만 최근에는 뇌경색의 경우 발병 후 180일까지로 제한하고 있다. 그 이상은 재활치료를 계속해도 의미가 없다고 판단되기 때문이다.

기적의 부활

물론 모든 재활치료가 무의미하다는 것은 아니다. 특수한 경우일 수 있지만, 리츠메이칸 아시아태평양대학(APU)의 학장 데구치 하루아키 씨의 사례를 소개하고자 한다. 원래 생명보험회사에서 일했던 데구치 씨는 예순 살에 인터넷 생명보험회사를 설립하고 예순아홉 살에 APU 총장에 취임한 인물이다. 몇 번 만나본 적이 있는데, 항상 진취적이고 적극적인 자세를 잃지 않는 사람이었다.

항상 진취적이라는 것은 현실을 더 좋게 만들어가려는 자세다. 내가 늘 권장하는, 현실을 있는 그대로 받아들이는 것이 좋다는 태도와 완전히 반대의 성향이다.

현실을 더 좋게 만들어가려고 해도 항상 잘 풀리는 경우만 있는 것은 아니다. 현실이 원하는 대로 잘 풀리지 않을 때의 아쉬움이나 불쾌함을 생각하면, 처음부터 현실을 받아들이고 그 속에서 기쁨과 만족을 찾는 편이 더 낫다는 것이 나의 생각이다. 소극적이라고 생각할 수도 있지만, 현실을 받아들인다는 것이 결코 후퇴를 뜻하는 것은 아니다. 오히려 '충분함을 아는 것'이라고 보는 편이 옳다.

데구치 씨는 72세에 뇌출혈로 쓰러진 후유증으로 오른쪽 반신마비와 언어장애를 앓게 되었다. 나라면 무리해서 회복을 바라기보다 현실을 받아들이고, 스스로 가능한 범위 내에서 생활하는 쪽을 선택했을 것이다. 하지만 데구치 씨는 달랐다. 본인의 다리로 걷는 걸 포기하는 대신, 언어기능을 회복하는 데 전력투구했다. APU 학장으로 복귀하려면 걷지는 못해도 말은 할 수 있어야 했기 때문이다. 이러한 결단을 내리는 데 걸린 시간은 단 1초였다고 한다. 이것저것 고민하지 않고, 조금이라도 가능성이 있는 길로 즉시 행동하는 것이 데구치 씨 나름의 방법이었던 것 같다.

그렇다고는 해도 내 의학 지식에 비춰봤을 때, 언어 중추에 출혈과 경색이 발생한 상태였기 때문에 언어장애가 회복될 것 같지 않았다. 하지만 데구치 씨는 이를 악물고 재활에 전념했다. 그 결과, 거의 완벽하게 말할 수 있게 회복되었다. '진취적인 태도의 승리'였다. 2022년, 1년 만에 학교에 복귀하여 APU 입학식에서 신입생 환영 인사를 하는 데구치 씨의 동영상을 보고 나는 완전히 두 손, 두 발 다 들고 말았다.

데구치 씨는 무작정 노력한 것이 아니다. 전문적이고 선진적인 이론을 바탕으로 잘 짜인 프로그램에 따라 열심히 재활했다. 게다가 데구치 씨는 매일 세 시간의 재활치료 후에도, 마비되지 않은 왼손을 이용해 고전을 연필로 그대로 덧쓰는 연습과 가족들의 이름을 쓰는 숙제를 빼먹지 않았다. 가족들에게 큰 소리로 이야기하는 훈련을 하루에 예닐곱 시간씩 했다고 하니, 그의 대단한 노력에 절로 고개가 숙여진다. 그의 진취적인 태도는 말에 그치지 않았다. 실제로 치열한 노력을 쏟아붓는 열정이 뒷받침되었기 때문에 가능한 것이었다.

현재 언어장애로 고민하는 많은 사람들에게 데

구치 씨의 성공 사례는 큰 용기를 북돋아준다. 다만 회복을 위해서는 그에 상응하는 준비와 노력이 필요하며, 같은 노력을 기울인다고 하더라도 누구나 회복되는 것은 아니라는 점을 미리 알아둘 필요가 있다.

미담의 폐해

얼마 전, 신문에 기저귀 떼기 운동을 추진하는 시설이 소개되었다. 입소자 50명 중 40명 가까이가 기저귀를 차고 있던 노인 시설에서 직원들이 '생활재활'을 시작하자 '한 명, 한 명 요의가 돌아오고, 기저귀를 벗고, 침대에서 일어났으며 웃음을 되찾았다. 그럴 때마다 너무나 즐거웠다는 직원의 인터뷰가 실려 있었다.

또 다른 기사에서는 야간에 기저귀를 여섯 겹이나 겹쳐서 사용하는 시설도 있다는 사실을 지적했다. 기저귀를 일일이 갈아주는 것이 번거로워서 오염된 기저귀를 손쉽게 벗겨내기 위해서라고 했다.

첫 번째 기사에서는 병상에 누워만 있던 노인을

일어나게 하는 운동에 대해서도 언급했다. '8년 동안 병상에 누워만 있던 할아버지가 끈을 잡고 일어나 바닥을 딛고 섰다. 직원들의 탄성에 다른 방에 있던 직원들까지 모여들었다.' 미담임에 틀림없다.

기저귀를 함부로 사용하면 감염이나 발진이 생길 수 있을 뿐만 아니라 거동이 가능한 노인들까지 침대에 누워있게 만들 위험이 있다. 그래서 간병인의 편의를 위해 기저귀에 의존해서는 안 된다는 지적은 분명 일리가 있다. 하지만 나는 '미담 그 후'를 생각하게 된다. 일단 기저귀를 벗게 되더라도 언젠가는 다시 기저귀를 차게 될 것이란 생각이 들었다. 그렇다고 기저귀를 떼는 것이 무의미하다고 말할 생각은 털끝만큼도 없다. 하지만 이런 '미담 보도'가 세간에 미치는 악영향을 우려하는 것이다.

이런 류의 기사를 읽은 사람들 가운데 상당수는 기저귀를 차거나 침상에 계속 누워 있게 하는 것은 간병을 대충 하는 것이라고 생각한다. 그리고 나이가 들어도 기저귀를 착용하지 않고 배설할 수 있다고 오해한다. 나아가 열심히 노력하면 침상에 누워만 있는 상태도 면할 수 있으리라 생각한다. 그러나 이런 생각은 환상이다. 오래 살게 되면 거의 확실히 맞닥뜨리게 될 상황을 외면하는 것에 지나지 않는다. '미담 보도'는 클라이맥스에서 끝나고, 그 후 다시 기저귀를 찼다거나 병상에 누워만 있게 되었다는 것은 쓰지 않는다. 현장에서는 분명한 사실이지만 말이다.

부모를 시설에 입소시키고 가끔 면회만 오는 사람들은 현장 직원들이 얼마나 바쁘고 스트레스가 많은지 이해하지 못한다. 그리고 미디어에서 본 기사의 일면만을 보고 부모가 기저귀를 차고 있으면 불평을 늘어놓는다.

만약 시설에서 환자들에게 기저귀를 겹겹이 입혀놓고 직원이 야간 당직을 서면서 간식을 먹고 주간지나 읽고 있다면, 이는 업무 태만이라고 비판할 수 있겠다. 하지만 대부분의 노인 시설에서 야간 당직은 소수의 인원이 식사 보조, 거동이 가능한 분들의 배변 보조, 침대에서의 낙상 예방 및 방지, 불면 대응, 섬망(야간 흥분) 대응, 배회 대응 등으로 정신없이 바쁘다. 그래서 매우 부산하게 움직인다. 이런 상황에서 기저귀 갈아주는 시간이 아까워서 기저귀를 겹쳐 사용한 것이라면 결코 비난

받을 일은 아닐 것이다.

함께 일하는 간호사에게 이런 이야기를 했더니, 전에 근무하던 시설에서도 기저귀 제로, 와상(움직이기 힘들어 침대에 누워만 있는 상태) 제로를 표방하는 시설의 원장 때문에 곤혹스러웠던 적이 있다고 했다. 그녀는 자신의 신념과도 어느 정도 부합하는 면이 있어서 최대한 기저귀를 채우지 않았다고 했다. 그래서 시설의 이용자 중에는 돌아가시기 사흘 전까지도 강제로 일어나 변기에 가서 앉아야 했던 할머니도 있었다고 했다. 그래서 어떤 어르신은 스스로 기저귀를 원하기도 했다고 한다. 밤에 소변이 마려우면 간병인에게 도움을 청해야 하는데 그게 미안하다며, 기저귀를 차면 바쁜 직원들을 번거롭게 하지 않아도 될 거라고 환자가 나서서 기저귀를 차겠다고 했단다.

기저귀도, 와상도 미룰 수 있을 때까지 최대한 미루면 좋겠지만, 너무 오래 살다보면 어쩔 수 없이 그것들을 받아들여야 할 때가 온다. 그럼 결정만 남는다. 현실을 끝까지 외면하면서 기저귀 없이, 와상 상태가 되지 않고 살겠다고 생각하는 것과 언젠가는 그런 일도 있을 수 있음을 인정하고 마음의 준비를 하는 것 중 어느 쪽이 더 현명한 것일까?

인술을 가로막는 시스템

지금 생각해보면, 수련의나 펠로우 시절에는 마음이 편했다. 의학적으로 올바른 치료만 하면 됐으니까. 하지만 많은 의사들의 경우 연차가 쌓이고 과장이나 부원장, 원장이 되면 병원 경영을 신경 쓰지 않을 수 없다. 나는 그런 직함과 관련이 없었지만, 노인 데이케어 클리닉에서 근무할 당시에는 사실상 하나의 의료법인에 고용된 원장의 입장이었다. 당연히 처음에는 의학적 판단만으로 진료를 했다. 그런데 월말이 되면 의료법인에서 파견된 사무장이 찾아와서, "초음파 검사를 좀 더 늘려줄 수 없겠습니까? 혈액검사도 두 배 정도 더 해야 합니다"라고 말했다.

"돈을 맞추기 위해 검사가 필요 없는 환자에게 검사를 받게 할 수는 없습니다." 내가 딱 잘라 거절하자, 사무장은 이런 말까지 덧붙였다. "항생제 ○○의 사용기한이 두 달 남짓 남았는데 어떻게든 누군가에게 처방할 수 없을까요?" "지금 농담하십니까? 사용기한에 맞춰서 약을 처방하는 의사가 어디 있습니까? 저는 어디까지나 필요한 약만 처방합니다."

내가 불쾌한 기색을 숨기지 않자, 베테랑 사무장은 한숨을 푹푹 내쉬며 고뇌에 찬 표정으로 다시 이야기를 했다. "초음파 진단기는 리스이기 때문에 매달 43회 이상 사용하지 않으면 적자가 납니다. 사용기한이 지난 약은 폐기할 수밖에 없는데, 고가의 항생제가 폐기되면 큰 손실이 발생하죠. 클리닉의 수익은 선생님이 하는 검사와 치료에서만 발생하기 때문에 선생님께 부탁할 수밖에 없어요. 이대로는 직원들 월급도 못 줘요. 선생님의 진료에 간호사, 간호조무사, 사무직 직원들의 생계가 달려 있다고요."

그 말을 듣고서야 퍼뜩 깨달았다. 나의 양심에 따라 정직하게 의술을 편다는 것은 독선에 불과하다는 것을. 데이케어 클리닉이 폐업하면 나야 다른 직장을 찾으면 그만이지만, 간호조무사나 자격증이 없는 사무직 직원들은 쉽게 이직할 수 없을 것이다.

그 날 이후, 환자에게 큰 부담이나 해가 되지 않는 범위 내에서 검사나 처방을 조정했다. 물론 속으로는 부끄러운 마음이 들었지만 말이다.

약도 남는 재고를 제약회사나 정부가 회수해준다면 좋겠지만, 병원의 손실이 되기에 사용기한을 신경 쓸 수밖에 없다. 요즘은 규모가 작은 병원도 CT나, MRI 등의 정밀 검사 장비를 갖추지 않으면 환자가 오지 않는다. 그런데 이런 검사 장비를 구비하는 것만으로는 수익이 나지 않기 때문에 장비를 활용한 검사가 이뤄질 수밖에 없다. 결과적으로 방사선을 듬뿍 쬐고, 조영제를 맞고, 불필요한 약을 먹게 되는 것은 환자들이다.

길 잃은 어린 양을 더욱 헤매게 하다

내가 노인 데이케어 클리닉에 근무할 때, 이용자들이나 외래 진료 환자들에게 자주 듣던 말이 "TV에서 그러는데……"였다. 그 전까지는 '주간지에 이 약은 쓰면 안 된다, 이 수술은 받으면 안 된다고 쓰여 있던데……'였다. 인터넷과 신문을 비롯해, 세상에는 건강식품, 암 예방, 치매 예방, 선진 의료기술 소개, 명의 소개, 병원 랭킹 등 의료와 건강에 관한 정보가 넘쳐난다. 그중에는 감탄할 정도로 자세하게 공들여 정리해놓은 기사들도 많았다. 이러한 정보가 모두 거짓이란 것은 아니지만, 침소봉대(針小棒大, 자그마한 일을 과장하여 말함), 아전인수(我田引水, 사실을 곡해하여 자기에게 이롭게 하는 것), 양두구육(羊頭狗肉, 양머리를 내걸고 개고기를 판매한다는 뜻으로, 언뜻 겉으로 보기에는 그럴듯해 보이지만 속은 변변치 않음을 나타내는 말)의 상황들이 버젓이 활개를 치고 있다.

낮에 〈건강 와이드쇼〉에서 어떤 식품을 소개하면 저녁이 되기 전에 마트에서 다 팔려서 찾아보기 힘든 경우가 많다고 한다. TV나 신문, 잡지 등이 온갖 수단을 동원해서 건강 정보를 내보내는 것은 그만큼 건강 정보를 찾는 수요가 많다는 의미다. 미디어도 이윤을 추구하는 기업이기 때문에 최대한 팔릴 수 있는 내용을 중요시한다. 사람들의 관심을 끄는 주제이기에 부정확한 내용, 극단적인 사례, 실현 가능성이 희박한데도 당장 이용 가능한 정보가 대중을 현혹시킨다.

건강 정보에 대한 수요가 많은 것은 그만큼 많은 사람들에게 본인이 건강하지 않다는 자각이 있기 때문이다. 현대인은 흡연, 폭음, 폭식, 수면 부족, 긴 출퇴근 길, 과로, 배기가스, 인간 관계에 의한 스트레스 등 건강을 해치고 수명을 단축시키는 요소들에 둘러싸여 있다. 그래서 건강식품, 건강용품, 깜짝 놀랄 만한 건강 비법 등으로 어떻게든 건강을 유지하고 싶어 하는 것이다. 그러나 기존의 건강하지 못한 상황은 방치한 채, 보조적인 수단을 통해 건강을 증진하려는 것은 구멍이 뚫린 양동이로 물을 퍼내는 것과 다를 바 없다. 먼저 해야 할 일은 구멍을 막는 것이다. 즉, 균형 잡힌 식사, 충분한 휴식과 수면, 적당한 운동과 기분전환, 깨끗한 공기와 절주, 금연 등이 선행되어야 한다. 이것들은 지키기가 쉽지 않기 때문에 점점 더 많은 건강 정보가 요구되는 것 같다.

하지만 대중에게 주어지는 것은 비교적 알기 쉬운 의학적 설명이 곁들여진, 효과적으로 보이는 '상품으로서의 정보'다. 의사협회나 대학교수, 의학계 중진들이 제공하는 진짜 정보도 있지만, 결국 사람들이 의료 서비스를 더 많이 이용하도록 유도하는 가짜 정보가 대부분이다. 만약 '이 검사는 받지 않아도 된다거나 이 치료는 필요 없다'고 말하는 의사가 있다면 믿어도 되지만, 혹시 검사나 치료가 누락되었을 때 책임 문제가 뒤따를 수 있기 때문에 의사도 환자에게 검사와 치료에서 멀어지라고 말하기는 어려운 실정이다.

길 잃은 어린 양을 더욱 헤매게 하는 것은 건강식품이나 건강보조식품 광고다. 논리적으로 따져보면 효과가 있을 리 없는 제품들이 당당하게 판매되고 있다거나, 정말로 효과가 있는 것처럼 유명인들이 나와서 제품을 추천하기 때문에 주의가 필요하다.

자주 보이는 광고는, 흔히 호감도 높은 배우나 연예인들이 "몇 년째 ○○을 섭취하고 있습니다. 이렇게 건강하게 걸어다니고 있습니다" 류의 광고다. "○○을 먹었기 '때문에' 걸어다닐 수 있습니다"라고 적혀 있지는 않다. 그렇게 쓰면 공정거래위원회의 지침에 따라 제재를 받을 것이기 때문이다. 하지만 얼핏 보기만 해도 '○○ 덕분에 건강하게 걸어다닐 수 있구나' 하고 느끼게 된다. 거짓말은 안 썼으니, 오해는 받아들이는 쪽의 탓이라고 말하는 듯하다.

이런 류의 광고에는 돋보기로 보지 않으면 읽기 힘들 만큼 작은 글씨로 쓰인 단서들이 붙는 경우가 많다. 극찬을 늘어놓고 뒤에 '개인적인 감상입니다'라고 쓰여 있거나, 의약품이라고 강조하면서 사실은 '제3류 의약품'(설명서 제공이 의무가 아니며 약사 자격이 없어도 판매자 자격을 획득해 판매할 수 있는 의약품)으로, 부작용이나 상호작용 등의 항목에서 '안전상 다소 주의를 요함' 등의 단서가 붙어 있다. 이런 단서를 써놓는 것이 의무화되어 있어서일 수도 있으나, 내가 보기에는 단순히 알리바이를 마련하는 것에 불과하다고 생각한다. 따라서 광고를 볼 때는 큰 글씨는 무시하고, 될 수 있는 대로 아무도 읽을 수 없게 아주 작은 글씨로 적힌 내용에 집중해야 할 것이다.

'선생님 덕분'이라는 거짓말

노인 데이케어 클리닉에서 근무할 때 왼쪽 반신 마비 환자가 이런 말을 했다. "입원해서 진료를 받고 있었는데 발작이 일어났어요. 예전에 머리가 어지러울 때마다 주사를 맞고 괜찮아졌거든요. 그래서 주사를 놔달라고 했는데 주사를 놓으려면 검사를 먼저 해야 한다고 해서 주사를 맞지 못했어요. 그리고 그날 저녁에 뇌출혈로 쓰러졌어요. 그때 주사만 맞았더라도 이런 일은 없었을 텐데……."

척수마비로 하반신 불수가 된 환자는 또 이렇게 말했다. "대학병원에서 심장 약을 끊었어요. 연말에 새로운 약으로 바꿨는데, 그러고 나서 소변이 잘 나오지 않더라고요. 그런데 설 연휴에 병원도 문을 열지 않아서 어떻게든 참았거든요. 그런데 1월 3일 저녁에 갑자기 두 다리로 설 수 없었어요. 그래서 구급차에 실려 응급실에 갔는데, 정형외과 의사가 내가 복용하는 약을 보더니 깜짝 놀라더라고요. 그리고는 내가 가지고 있던 약을 다 가져가서 버렸어요. 그때 의사의 행동이 아무래도 마음에 걸려요. 내 척수마비는 연말에 바꾼 약이 원인이 아닐까 싶어요. 정형외과 의사는 아니라고 했지만, 같은 병원이라 내과 의사를 두둔하는 거 아니겠어요?”

재택의료로 내게 진찰을 받던 환자의 아내는 이렇게 말했다. “뇌경색의 발작은 어쩔 수 없다고 생각해요. 하지만 그다음이 문제에요. 병원에서 제대로 된 재활치료도 안 하고 방치했거든요. 이젠 관절이 굳어서 옷도 못 갈아입을 정도예요. 재활은 처음이 중요하잖아요. 간호사가 와서 조금씩 해줬는데, 그 정도로는 너무 부족해요. 역시 전문 선생님이 오셔야 해요. 병원에 잘못 가서 되돌릴 수 없는 상황이 됐어요.”

치료 후에 경과가 좋지 않은 사람들의 슬픔과 고통은 매우 깊다. 대부분의 경우, 환자들은 ‘의료과실’을 의심하지만, 어쩔 도리가 없어 단념하는 상태가 된다. 그들의 이야기를 들어보면, 용서할 수 없다거나 소송을 해서라도 손해배상 책임을 물어야 한다고 생각하는 경우는 거의 없다. 의사 편을 드는 것은 아니지만, 안타까워도 사실상 어쩔 수 없는 경우가 대부분이기 때문이다.

하지만 환자들은 ‘의료과실 때문에 이렇게 됐다’

는 생각이 강하고, 그런 원망이 환자를 더욱 힘들게 하
는 것 같다. 올바른 치료가 이루어졌다면 반드시 상태가
좋아질 것이라는 굳은 믿음이 있기에, 치료 결과가 좋지
않으면 잘못된 치료 때문이라고 생각하는 것이다. 이것
역시 '의료환상'이 야기하는 불필요한 고통이다. 적절한
치료가 시행되었어도 병세가 나아지지 않을 수도 있다
는 현실을 받아들이면, 결과가 나빠도 '대체 왜?'라고 감
정적으로 대응하지 않는다.

반대로 병이 나았을 때 의사를 구세주처럼 여기
는 사람도 있는데, 이 또한 환상이다. 의사가 낫게 해준
것처럼 보여도 사실은 환자 자신의 힘으로 이겨내는 경
우가 적지 않다.

한 고령의 여성이 허리 통증으로 서 있지도 못했
는데, 요추 견인과 초음파 치료로 통증이 사라지고 지
팡이 없이도 걸을 수 있을 정도로 회복되었다.

"정말 감사합니다. 선생님 덕분입니다." "아니
요, 걸을 수 있게 된 것은 환자분에게 아직 그 정도의
힘이 남아 있었기 때문이에요"라고 설명해도 받아들이
지 않았다. "아뇨, 선생님 덕분입니다"를 반복했다. 나

는 치료 효과를 꼭 의사 덕분으로 돌리는 환자에게 분명히 말한 적이 있다. "저는 모든 환자에게 똑같이 최선을 다합니다. 환자분에게만 특별한 치료를 한 것은 아니에요. 그런데도 낫는 환자와 낫지 않는 환자가 있는 것은 역시 환자 측에 이유가 있기 때문이 아닐까요?"

그래도 그 환자는 '선생님 덕분'이라고 생각하고 싶어 하는 것 같았다. 의사를 의지할 수 있는 존재로 생각하는 것이 더 안심되어서일까? 의사가 치료를 잘해서 좋아졌다고 생각하면, 다음에 무슨 일이 생겼을 때 또 이 의사에게 치료받으면 나을 수 있다는 기댈 구석이 생기기 때문이다. 하지만 자신의 힘으로 나았다고 생각하면 다음에도 스스로 이겨내야 한다는 부담감을 무의식적으로 느끼는 것일 수도 있다.

의사라면 누구나, 의사가 질병 치료와 건강에 대해 특별한 능력을 가지고 있지 않다는 것을 알고 있다. 많은 의사 동료와 선배, 후배들이 암에 걸리고, 뇌경색에 걸리고, 파킨슨병에 걸리고, 심근경색에 걸리고, 치매에 걸리기 때문이다. 배우자나 자녀를 일찍 떠나보낸 의사들도 적지 않다. 본인을 비롯한 소중한 사람들의 병도 못 고치는데, 어떻게 남의 병을 다 고칠 수 있겠는가. 직업별로 평균 수명을 측정한 조사에서도 의사의 수명은 다른 직업군보다 짧다는 결과가 있었다. 그럼에도 불구하고 의사에게 의존하려는 사람들이 적지 않다. 왜 그럴까? 그것은 전문가에게 맡기면 안심할 수 있다는 환상이 있기 때문 아닐까?

의료와 종교

과학이 발달하지 않았던 시절, 세상에서 가장 큰 영향력을 행사했던 것은 종교였다. 많은 종교가 사람들의 믿음을 모았고, 그에 상응하는 권력을 지니고 있었다. 하지만 과학의 발전으로 천지창조나 극락왕생 같은 말이 설득력을 잃게 되면서 현대사회는 과학 만능의 시대가 되었다고 해도 과언이 아니다.

하지만 일반인들이 과학에 대해 얼마나 이해하고 있을까? 반도체나 전자레인지의 작동 원리조차 모르고 그저 편리함에 기대어 사용하고 있는 사람들이 대부분이지 않을까? 무작정 과학을 믿고 의지한다는 의미에서 어느 정도 종교와 비슷하다고 할 수 있다.

의료도 마찬가지다. 나는 현대의 의료와 종교가 정말 비슷하다고 생각한다. 종교와는 달리 현대 의학에는 과학적 근거가 있다는 반론도 있지만, 과학적 근거도 시대에 따라 변한다. 예를 들어, 모차르트는 고열에 시달리던 중 사혈요법(정맥을 절개해 수혈량에 맞먹을 정도로 피를 뽑아내는 치료법)이라는 난폭한 치료를 받고 사망했다. 하지만 당시에는 사혈요법도 갈레노스의 4체액설(인간의 몸에는 혈액, 점액, 황담즙, 흑담즙의 네 가지 체액이 존재하며 이들이 균형을 이루어야 건강하고, 이러한 균형이 깨지면 병에 걸린다고 하는 생리학적 가설)을 기반으로 한 과학적 의료였다. 현대 의료와 18세기 의료를 동일시하는 것이 이상하다고 할 수도 있지만, 현대 의료에도 불분명한 점, 불합리한 점, 난폭한 점은 얼마든지 있다.

예를 들어 정맥주사는 혈액을 물로 희석하는 원리이기 때문에 탈수증상이 있을 때 외에는 해로울 수 있고, 인공호흡도 인위적으로 산소를 넣었다 뺐다 하는 것뿐이지 폐의 치료에는 전혀 도움이 되지 않는다. 고혈

압 치료약도 다양한 환자에게 사용할 때 근거가 확실하지 않음에도 짐작해서 처방하거나 암 수술에서도 세포 수준에서 어디까지 퍼졌는지 정확히 파악하지 못한 채 절제하는 등, 25세기 즈음의 의사들이 돌아본다면 매우 어리석다고 여겨질 것들이 일일이 열거할 수 없을 정도로 많다.

그럼에도 불구하고 현대인들은 의료가 우리를 구원해줄 것이라고 믿고 있다. 마치 염불을 하면 극락왕생한다거나, 지하드 투쟁에 참여하면 천국에 갈 수 있다거나, 심판의 날에 부활할 수 있다고 믿었던 것처럼 말이다. 과거 성직자나 승려가 십자가와 염주를 들고 신과 부처의 가르침을 설파했듯이, 오늘날의 의사는 청진기와 의사 면허를 걸고 흰 가운을 입은 채 의학적인 설명을 늘어놓는다. 웅장한 교회나 사원 대신 으리으리한 병원과 의료센터, 위엄 있는 제단이나 불단 대신 어마어마한 로봇 수술 시스템과 MRI, 중입자 치료기 등의 의료기기를 갖추어놓고 수많은 신도를 끌어모으고 있다.

나는 현대 의학이 사이비 종교와 같은 속임수라고 말하려는 게 아니다. 종교가 많은 사람을 구원하는 것처럼 현대 의료도 많은 환자를 구하고 있다. 결코 의미 없는 일을 하고 있는 게 아니다. 오히려 그 반대다. 의료에 의존해 안심하고 싶은 마음도 이해가 되고, 전문가로부터 안전한 정보를 얻고 싶은 욕구도 타당하다. 다만, 의료가 만능은 아니다. 너무 믿으면 배신당할 수도 있다는 것을 꼭 기억했으면 좋겠다.

제5장

새로운 암 대처법

암이란 무엇인가

일본의 사망 원인 1위는 '악성 신생물', 즉 암이다. 암을 예방하려면 어떻게 해야 하는지, 암 검진으로 암을 예방할 수 있는지, 암에 걸리면 어떤 치료를 받아야 하는지, 치료할 수 없다면 어떻게 해야 하는지 많은 사람들이 골머리를 앓고 있다.

의료기술이 이렇게 발달했는데, 왜 암으로 사망하는 사람이 줄어들지 않는지 의문을 갖고 있는 사람도 많다. 현재 일본인 두 명 중 한 명은 암에 걸리고, 그 가운데 셋 중 하나는 암으로 목숨을 잃는다. 암 환자가 늘어나고 암으로 사망하는 사람이 많은 것은 다른 질병으로 사망하는 사람이 줄어든다는 것이고 그만큼 장수하는 사람이 늘어났다는 말이기도 하다. 다시 말해, 의료계에서 암은 노화 현상의 하나로 간주되어 가고 있다.

암이라는 질병은 정확히 말하면 상피세포(장기 표면의 세포)가 '암화'된 것을 말한다. 상피 이외의 세포, 예를 들어 근육이나 뼈의 세포가 암화된 것을 '육종'이라고 한다. 그 외에도 혈액세포가 암화된 것에는 '백혈병', '악성 림프종', '골수종' 등이 있으며, 뇌와 척수의 경우 악성과 양성이 혼재되어 있어 '뇌종양', '척수종양'으로 불린다.

'암화'란 세포의 DNA가 변이를 일으켜 세포분열을 컨트롤할 수 없게 되어 무제한으로 증식해 다른 장기로 전이할 수 있는 능력을 갖게 되는 상태를 말한다. 왜 DNA가 변이되는 것일까? 방사선이나 발암물질, 바이러스 감염, 노화, 우연 등에 의해 DNA를 복제하는 과정에서 실수가 발생하기 때문이다. 방사선이나 발암물질은 직접적으로 세포의 DNA를 손상시켜 발암 가능성을 높인다. (변이가 일어난다고 해서 반드시 '암화'되는 것은 아니다.) 바이러스에 감염되면 바이러스의 유전자가 DNA에 들어가 암을 유발하는 경우도 있다. 바이러스 감염으로 발생하는 암에는 간암, 자궁경부암, 일부 백혈병 등이 있다.

노화로 인해 DNA 복제에 실수가 발생하는 것은 세포분열을 여러 번 반복했기 때문이다. 실수 가능성이 낮더라도 계속 반복하면 언젠가는 실수가 발생하기 마련이니까. 그래서 암이 노화 현상의 일부로 간주되는 것이다.

오래전부터 암의 원인에 대한 논란이 있었고, 방사선설, 발암물질설, 바이러스 감염설, 돌연변이설 등이 각축을 벌였으나, 결국은 모두 옳다는 결론이 나왔다. 암에 대한 연구가 진전된 덕분에 더 알게 된 것이 있다면, 암에 관해서는 아직도 모르는 것이 많다는 것이다.

왜 암으로 사망하는가

세포의 분열이 조절되지 않아도, 전이할 능력이 없는 경우에는 '양성 종양'이라고 부른다. 암은 사람을 죽음에 이르게 하므로 '악성 종양'이라고 한다. '종양'이라는 것은 종기, 멍울, 혹 등을 의미하며, 이것 때문에 사람이 죽는 것은 아니다. 어떤 사람들은 암이 전이되기 때문에 사망에 이르는 것이라고 이야기하지만, 그것은 사실이 아니다. 예컨대 암이 뼈에 전이되어도 사람은 죽지 않는다. 마찬가지로 폐나 뇌, 간으로 전이되어도 그것만으로는 생명에 지장이 없다. 전이된 병소 그 자체가 커져서 장기의 기능을 빼앗김으로써 사망에 이르는 것이다.

목숨과 직접 관련된 장기로는 폐, 뇌, 간, 심장, 신장이 있다. 그러나 심장이나 신장에는 잘 전이되지 않는다. 소장에도 전이되지 않으며, 대장이나 직장에는 암이 생길 수 있지만 다른 암이 전이되는 경우가 드물다.

암이 주요 장기에 전이되지 않더라도 생명을 위협하는 경우가 있다. 이러한 경우를 '악액질'(惡液質, 악성 질환으로 몸이 쇠약해져 나타나는 증상. 전신이 마르고 발과 눈꺼풀에 부기가 생기며 피부는 빈혈 때문에 잿빛이 도는 누런색을 띤다)이라고 부른다. '악액질'은 암세포에서 분비되는 사이토카인(Cytokine)이라는 물질의 영향으로, 식욕이 떨어지고 에너지 대사가 항진되어 전신이 심하게 소모되는 상태를 말한다. 단백질 합성이 억제되고 근육 세포가 파괴되어 체중이 감소하고 몸이 쇠약해지다가 결국 죽음에 이르게 된다.

사이토카인은 '생리활성 단백질'이라고도 불리
며, 면역이나 감염 예방, 상처 치유 등에 중요한 역할을
하는 물질로 여러 종류가 있다. 그중에는 암세포를 죽
이는 '종양괴사인자' 등도 포함되어 있다. 암세포가 분
비하는 사이토카인은 소모성 물질로 '악액질'을 유발하
지만, 암의 증식을 조절하는 것 외에는 억제할 방법이
없다.

사이토카인은 우리 몸을 보호하는 중요한 물질
이지만, 너무 많이 분비되면 '사이토카인 폭풍'이라는
상태가 되어 자신의 세포까지 공격해 다발성 장기부전
을 일으킨다. 사이토카인의 분비가 왕성한 젊은이들에
게서 많이 나타나며, 독감이나 신종 코로나19, 폐렴으
로 젊은이가 사망하는 경우는 대부분 이 '사이토카인
폭풍'에 의한 것이다.

사이토카인 폭풍이 몰아치면 식욕이 사라져 입
으로 영양을 섭취할 수 없어진다. 그러면 정맥주사로
보충하면 되지 않나 생각할 수 있지만, 혈액에 아무리
많은 칼로리를 넣어도 세포에서의 이용이 억제되어 효
과를 기대하기 힘들다. 오히려 신장과 간, 심장에 부담

을 주기 때문에 악액질인 경우, 고칼로리 수액 등은 권장하지 않는다. 이런 상태가 되면 가족들은 어떻게든 영양을 섭취해야 하기 때문에 온갖 방법을 동원해서 먹이려고 하지만 대부분 역효과가 난다. 나도 젊은 시절, 지인이 직장암 말기였을 때 조금이라도 먹기 편한 음식을 먹이려고 젤리나 푸딩을 들고 병문안을 갔는데, 말라비틀어진 환자가 끙끙 신음하며 이렇게 말했다.

"음식을 배 터지게 먹어서 더 이상은 못 먹겠네. 여기서 더 먹으면 괴로울 것 같다고 느낄 때가 있지 않나? 지금이 딱 그 기분이야."

그래서 나도 먹으라고 권유하기를 그만두었다.

암의 4대 치료법

암의 4대 치료법은 외과 수술, 항암제, 방사선 치료, 면역 요법이다. 이 중에 수술과 방사선 치료는 국소치료(암이 있는 부분을 치료), 항암제와 면역 요법은 전신 치료(전신에 퍼지도록 하는 치료)로 분류된다.

내가 외과의사로 일했던 1980년대에는 아직 면역요법이 일반화되지 않아 수술과 항암제 치료가 주를 이루었다. 당시 외과의사로서의 감각에 의하면, 암은 수술로 떼어내면 완치할 수 있지만 그렇지 않으면 언젠가 재발해서 죽는다고 생각했다. 그래서 애초에 암이 전이되어 찾아온 환자는 근치적 수술, 즉 암 조직을 완전히 제거하는 수술로 완치를 목적으로 하는 수술의 대상이 아니었다. 어딘가에 전이가 있다는 것은 암세포가 원발암(암이 처음으로 발생한 장기나 부위)에서 이미 흩어졌다는 의미이기 때문에, 눈에 보이는 종양을 절제한다 한들 재발의 위험에서 벗어날 수 없다는 뜻이다.

외과의사에게 암 수술의 가장 큰 난관은 암세포를 볼 수 없다는 것이다. 암은 세포 단위로 퍼져 있기 때문에 재발 방지를 위해서는 크게 절제해야 한다. 하지만 너무 크게 떼어내면 수술로 인해 환자가 위험해질 수도 있다. 그래서 환부를 도려내는 데 주저하면 수술 후에도 암세포가 남아 있을 수 있다. 결국 수술 부위를 너무 많이 떼어내 위험해지거나, 암세포를 남겨두어 위험해지는 것이다.

방사선 치료도 마찬가지다. 방사선을 조사하는 범위가 너무 넓거나 좁아서 문제다. 일본인들은 방사능에 대한 안 좋은 인식 때문인지, 다른 나라에 비해 방사선 치료를 선택하는 환자가 적다. 하지만 암에 따라서는 방사선 치료가 효과적인 암(식도암, 후두암, 혀암, 전립선암, 자궁경부암, 피부암 등)도 있다. 하지만 전신에 방사선을 내리쬘 수는 없기 때문에 전이가 있는 경우, 완치가 어려울 수 있다.

최근에는 중입자 치료(탄소 입자를 치료에 이용하여 기존 방사선보다 부작용이 적고 치료 효과가 높은 치료법)나 붕소중성자포획치료(BNCT, 붕소와 중성자의 핵반응을 이용해 암세포만 파괴하는 치료법) 등의 새로운 치료법도 방사선과 치료로 시행되고 있다.

항암제 중 최근 주목받는 것은 분자표적치료제인데, 암세포에 존재하는 분자만을 공격하기 때문에 정상 세포에는 영향을 미치지 않는다는 특징이 있다. 하지만 특정 분자를 가진 암에만 효과가 있고, 이 또한 암의 유전자 변이에 따라 결정되기 때문에 모든 암에 효과가 있는 것은 아니다. 예를 들어, 유방암 분자표적치료제

‘허셉틴’에 효과가 있는 유전자형을 가진 유방암은 전체의 3분의 1이고, 이 치료제는 재발 및 사망 위험을 50퍼센트 정도 감소시키는 효과가 있으므로 유방암 환자 6명 중 1명에게만 효과가 있는 셈이다. 또 폐암의 특효약으로 기대를 모았던 분자표적치료제 ‘이레사’ 역시 간질성 폐렴이라는 치사율이 높은 합병증을 일으켜 많은 환자가 후유증으로 사망했다. 그럼에도 불구하고 항암제 치료는 괄목할 만한 성과를 보이고 있다. 뒤에서 이야기할 ‘암과의 공존’이라는 새로운 전략도 이러한 배경에서 가능해진 것이라서 더더욱 대단한 일이라고 할 수 있다.

면역요법은 암세포가 원래 가지고 있는 ‘면역 체크포인트’(일부 면역세포 및 암세포에서 발현되는 단백질로 면역 체계가 신체를 무차별적으로 공격하지 않도록 조절하는 억제 경로), 즉 면역의 공격을 피하기 위해 활동하는 분자를 억제해 자신의 면역으로 암세포를 공격하는 치료법이다. 이 치료법의 장점은 자신의 면역을 이용하기 때문에 부작용이 적고, 다른 부위에 전이된 경우에도 치료가 가능하다는 점이다. 이렇게 써놓으니 마치 ‘꿈의 치료법’

처럼 보이지만, 아직 이 치료법을 적용할 수 있는 암이 많지 않고, 부작용이 전혀 없는 것도 아니다.

대체요법과 가짜 치료

대체요법이란 소위 '민간요법'이라 불리는 것으로, 단식을 포함한 식이요법이나 암에 효과가 있는 것으로 알려진 건강기능식품(후코이단, 아가리쿠스 등), 한약, 침, 뜸, 카이로프랙틱, 아유르베다(인도의학), 호메오파시(건강한 사람에게 특정 물질을 투여했을 때 나타나는 증상과 질병의 증상이 비슷하다는 이론을 바탕으로 하는 대체의학의 한 형태) 등이 있다. 모두 암 자체에 대한 치료 효과는 없지만, 완치될지도 모른다는 희망(실제로는 가능성이 희박하다)을 가짐으로써 몸과 마음의 고통을 일시적으로 경감시키는 효과가 있다.

암에 걸리면 당연히 누구나 할 수 있는, 최선의 치료를 받기 원한다. 조금이라도 효과가 있어 보이면 이런저런 치료법을 시도해보고 싶은 마음도 이해한다.

하지만 누군가는 그 마음을 이용해 '대체요법'이라는 명목으로 장사를 한다. '암에 효과가 있다', '암이 사라졌다', '4기 환자가 살아났다', '말기 암을 극복했다'는 식의 유혹적인 문구로 가짜 치료제를 파는 것은 정말 비열하고 악랄한 짓이라고 생각한다.

일본에서 암에 걸리면 '표준치료'를 받는다. 이것은 가장 안전한 선택이다. 표준치료는 많은 데이터를 통해 검증되고 의학적으로 가장 효과가 높다고 권장되는 치료법이다. 그런데 '표준'이라는 말을 스탠다드 등급으로 오해하고 '표준은 싫다, 슈페리어나 이그제큐티브 등 더 높은 등급의 치료를 받게 해달라'고 요구하는 사람들이 있다. 하지만 그런 치료는 존재하지 않는다. 그런 것을 찾는 사람들이 있기 때문에 말만 번지르르한 대체요법이 끊이지 않는 것이다. 그중에는 의사가 관여하고 있는 대체요법도 있으니 방심해서는 안 된다.

특히나 주의해야 할 것은 '면역세포요법'(혼동하기 쉽지만 '면역요법'과는 다르다)이라고 불리는 요법이다. 이것은 환자의 혈액에서 면역에 관여하는 세포를 추출해 일주일 동안 약 천 배 정도 증식시켜 다시 체내에 되돌려

넣는 것이다. 강력한 면역력이 작용할 것 같지만, 애초에 암세포는 앞서 언급한 바와 같이 면역의 공격을 피하기 위한 '면역 체크포인트'를 가지고 있다. 이를 방치한 채 면역세포를 아무리 늘린다 해도 암은 아무런 타격을 입지 않는다.

그 외에도 암 백신 등이 있지만, 아직은 효과가 입증되지 않았다. 이러한 치료법은 모두 비급여이기 때문에 의료보험이 적용되지 않고, 치료비도 의사가 마음대로 정하기 때문에 고가인 경우가 많다. 이런 방법에 매달리는 사람들은 대개 표준치료로 더 이상 치료할 여지가 없어진 환자들이다. 지푸라기라도 잡고 싶은 심정은 이해하지만, 거짓된 희망에 속아 적지 않은 돈을 낭비하는 것은 참으로 안타까운 일이 아닐 수 없다.

암 고지의 장단점

과거 일본에서는 환자에게 암을 고지하는 것이 금기시되었다. 요즘이라면 있을 수 없는 일이라고 생각하겠지만, 1980년대에는 그랬다. 암 진단은 곧 죽음의 선고로 받아들여졌기 때문에 환자가 충격을 받지 않도록 하기 위해서였다. 즉 환자를 생각해서 말하지 않은 것이지만, 시간이 흐르면서 건강은 점점 더 나빠졌다. 환자는 불안해하면서 암에 걸린 게 아닐까 의심하게 된다. 그래서 가족이나 주치의에게 확인하지만, 암이 아니라는 말만 되돌아온다. 그러나 상태는 계속 악화되어 음식을 먹지 못하고 살이 빠지면서 스스로도 죽음이 가까워졌음을 깨닫는다. 결국 자신이 암에 걸렸다는 것, 속았다는 것을 알게 된다. 의사와 가족에 대한 신뢰가 가장 필요한 인생의 마지막 순간에 아무도 믿을 수 없는 가혹한 상황에 놓이는 것이다. 눈앞에 닥친 상황을 좋게 좋게 넘기려던 것이 돌이킬 수 없는 비극을 낳은 것이다.

그렇다면 모든 것을 있는 그대로 알리면 어떨까? 지금은 일반적으로 그렇게 하는데, 그것도 환자 측에서 어느 정도 마음의 준비가 되어 있는 경우에 한한다. 게다가 요즘은 암에 걸렸다고 해서 반드시 죽는 것도 아니기 때문에 암 고지도 예전처럼 심각하게 생각하지 않는 것 같다.

암 고지의 장점은 환자가 힘든 치료를 받을 때 어느 정도 납득하고 각오를 다진다는 것이다. 그리고 무엇보다 의료진과 가족들이 거짓말을 할 필요가 없다. 환자 본인도 의심과 망상에 시달리지 않아도 되고, 마지막에 속았다고 누군가를 원망할 걱정도 없다.

암 고지의 단점은 치료 효과가 좋지 않을 때 죽음을 의식하지 않을 수 없다는 점이다. 일부 환자의 경우는 '재발했다', '새로운 전이가 발견됐다', '종양표지자가 상승했다'는 등의 나쁜 결과를 듣고 싶어하지 않는다. 그런 환자에게는 어떻게 해야 할까? 거짓말은 금지되어 있다. 그래서 검사를 하고도 결과를 알려주지 않는다. 어느 순간 상태가 좋지 않다는 것을 깨닫게 될 것이기 때문이다. 물론 사실을 마주하려면 강한 정신력이 필요하다.

의사들이 원하는 사망 원인 1위가 암이라는 것에서도 알 수 있지만, 사실 암에 걸려 죽는 것은 그리 나쁘지 않다. 죽음을 준비할 시간이 일정 부분 주어진다는 점, 그래서 삶을 그 시간에 맞게 정리할 수 있다는 점에서 그렇다. 일반적으로 잘 이해되지 못할 뿐이다.

암 검진의 장단점

이제 암은 결코 드문 질병이 아니다. 그래서 암 검진을 통해 조기 발견에 힘쓰자는 것이 후생노동성과 의사협회의 입장이다. 하지만 암 검진에도 장단점이 있다. 장점은 자각증상이 나타나기 전에 암을 발견해서 목숨을 구할 수 있다는 것이다. 그런데 자각증상이 나타난 후에 암을 발견하면 이미 늦은 것일까? 그렇지 않다. 증상이 나타난 후에도 살릴 수 있는 경우가 얼마든지 있다. 하지만 역시 빨리 발견할수록 좋다는 것이 일반적인 생각이다. 최근에는 선충을 이용해 소변에서 초기 암을 찾아내는 검사도 있다. 하지만 크기가 최소 5밀리미터 정도는 되어야 발견할 수 있는데, 그때까지 계속 검사를 반복하면서 어디 있는지 알지도 못하는 암을 찾는 것은 굉장히 힘든 일이다.

암 검진의 단점은 우선 과잉진단이다. 검진을 하는 입장에서는 의심 단서를 놓치는 것을 가장 경계하기 때문에 조금이라도 이상이 있으면 '정밀검진 필요'라는 판정을 내린다. 판정을 내리면서도 의사는 대부분의 경우 '아마 괜찮겠지만'이라고 생각한다. 하지만 검진자에게 고지하는 내용에는 그렇게 적혀 있지 않기 때문에, 설명을 듣는 사람은 얼굴이 파랗게 질릴 수밖에 없다. 그래서 다시 병원에 가서 검사 예약을 하고, 정밀검진을 받고, 다시 결과를 들으러 가는 과정을 반복한다. 그때마다 긴 기다림에 초조해지고, 결과가 빨리 나오지 않아 안달이 난다. 그리고 역시 별거 아니었다는 사실을 확인하면 안도하는 한편, 괜히 시간과 돈을 낭비했다는 생각에 억울해진다.

후생노동성에서 권장하는 암 검진은 위, 폐, 대장, 유방, 자궁경부 등 다섯 가지(남성은 세 가지)에 불과하지만, 암에 걸릴 수 있는 장기는 열 손가락으로 셀 수 없을 정도로 많다. 매년 성실하게 암 검진을 받았음에도, 검진에 포함되지 않은 암에 걸렸다면 억울하게 느껴질 것이다.

문제는 그것만이 아니다. 검사 피폭도 문제다. 흉부 엑스레이 촬영은 그나마 괜찮은 편이지만, 유방 촬영검사나 위장 조영검사 등은 상당한 양의 방사선을 받아야만 한다. 이로 인해 오히려 암이 발생할 위험도 있다. 실제로 일본인 암 환자 서른 명 중 한 명은 검사로 인한 피폭이 원인이라고 한다.

나는 암 검진을 받은 적이 없고, 내 아내도 마찬가지다. 의사 친구들 중에도 매년 암 검진을 받는 사람은 거의 없다. 의사라는 입장 때문에 암 검진을 받으라고 권유하지만, 정작 자신은 받지 않는 경우가 많다. 왜냐하면 매년 암 검진을 받는 것이 얼마나 쓸데없는 일인지 잘 알고 있기 때문이다. 건강 관리를 잘하고 있다면 증상이 나타난 후에 치료해도 완치되는 암이 많고, 애초에 '두 명 중 한 명이 암에 걸린다'는 말은, 곧 둘 중 하나는 평생 암에 걸리지 않는다는 것이기 때문이다. 다시 말해 평생 암에 걸리지 않을 사람에게는 매년 받는 암 검진이 모두 헛수고인 셈이다.

오해의 소지가 없도록 덧붙이자면, 암 검진을 받지 않아도 된다는 말이 절대 아니다. 단지 암 검진에 과도한 부분이 있다는 정보를 제공하는 것이다. 암 검진을 권하는 쪽에서는 암 검진에 대한 부정적인 면을 거의 말해주지 않으니까.

나는 암 검진을 받지 않음으로써 낭비를 줄이고

있다. 물론 그로 인해 암을 늦게 발견할 위험은 분명히 있다. 그 부분은 어쩔 수 없다고 생각한다.

낫지는 않지만 죽지도 않는

내가 외과의사로 처음 일을 시작했을 때만 해도 암은 낫거나 죽거나 둘 중 하나였다. 수술로 암을 모두 제거하면 완치되는 것이고, 그 외의 경우는 대부분 사망했다. 항암제 치료도 했지만, 항암제로 암이 완치되는 경우는 없었다.

의사가 '이 항암제가 효과가 있다'고 하면 환자들은 '그럼 완치될 수 있겠구나' 생각하기 쉽지만, 그렇지는 않다. '효과가 있다'는 것은 암의 증식을 억제한다는 의미이지, 몸에서 암이 없어진다는 의미는 아니다. 그 증거로 "이것으로 완치되나요?"라고 물으면, 대부분의 의사는 "그건 치료해봐야 알 수 있습니다"라며 직설적인 대답을 피한다. 항암제로 몸에서 암세포가 사라지고 암이 낫는 일은 일반적으로 일어나지 않는다. 이렇게 말하면 절망할 수도 있지만, 의학은 발전하고 있다. 이제 암 치료에 완치와 사망 말고도 제3의 길이 열린 것이다. 완치되지는 않지만 죽지도 않는 상황이다. 이는 항암제 치료를 전문으로 하는 종양내과의 승리다.

예전에는 종양내과가 패전처리 투수 같은 존재였다. 항암제로는 암을 완치할 수 없었으니까. 그런데 항암제가 발전하면서 암을 완전히 치료할 수는 없지만, 암으로 목숨을 잃지 않게 되었다. 이른바 '암과의 공존'이다. 이젠 암에 걸려도 수명대로 살다가 다른 질병으로 사망하기에 이르렀다.

예전에는 의사도, 환자도 어떻게든 암을 완치하고 싶다는 생각에, 암세포를 박멸하기 위한 강력한 치료를 했다. 당시에는 강력한 치료법 때문에 환자가 체력을 모두 소모해서 오히려 생명이 단축되는 경우가 많았다. 그래서 최근에는 강력한 치료를 하기보다는 적당한 선에서 멈추고 경과를 지켜보는 쪽으로 전략이 바뀐 것이다.

죽지 않는다면 암도 일반 만성질환과 다를 바 없다. 다만 '아직은 암이 무섭다', '어찌됐든 암을 치료하고 싶다', '암에서 해방되고 싶다'는 사람들이 많아서 강력한 치료를 요구하거나 비관적으로 생각하지만, 암에 걸려도 금방 죽지 않는다. 너무 오래 살지 않고 적당한 시기에 죽을 수 있다는 사실이 알려진다면, 암에 대해 과도하게 신경을 곤두세우는 사람도 줄어들 것이다.

암 환자의 임종

의료가 아무리 발전했다 해도, 여전히 암으로 사망하는 환자가 적지 않다. 소중한 사람이 죽어가는 걸 지켜보는 것만큼 슬픈 일도 없다. 하지만 미리 정보를 수집하고 준비하지 않으면 의도치 않게 죽어가는 사람을 더 고통스럽게 하고 나중에 자신의 행동을 두고두고 후회하게 될지도 모른다.

특히 암 환자가 사망할 때는 대부분 악액질 상태이기 때문에 상황을 이해하지 못하는 가족들이 무리하게 음식을 먹이려 하거나 링거, 주사, 산소마스크 등을 요구하며 환자를 힘들게 한다. 뭐라도 해주고 싶은 심정은 이해하지만, 악액질이 된 환자는 조용히 지켜보는 것이 가장 좋은 방법이다. 물론 미리 마음의 준비를 단단히 해도 지켜보기는 쉽지 않다.

의료는 죽음 앞에서 무력하다. 오히려 쓸데없는 의료는 죽어가는 환자를 고통스럽게 할 뿐이다. 쓸데없는 의료라는 것은 단순히 숨만 붙여놓는 시술을 말한다. 이런 진솔한 이야기를 의료진이 쉽게 말하지 못하는 이유는 환자나 가족으로부터 '환자를 버리는 것이냐', '포기하라는 것이냐'는 비난을 받을 수 있기 때문이다. "아직 치료의 여지가 있습니다", "어떻게든 다른 방법을 시도해봅시다"라고 말하는 의사도 속으로는 '아무것도 하지 않고 편히 보내드리는 것이 좋다'고 생각하는 게 현실이다.

한편, 죽어가는 암 환자에게 필요한 의료도 있다. 바로 통증을 조절하기 위한 의료용 마약의 사용이다. 모르핀이 주를 이루지만, 그 외에도 합성마약인 펜타닐, 옥시코돈 등도 있다. 먹는 약과 지속주사, 좌약, 붙이는 패치도 있어서 환자의 상태에 따라 사용할 수 있다.

마약이라고 하면 중독이나 부작용을 걱정하는

사람이 있다. 하지만 임종을 앞둔 사람에게 중독을 걱정하는 것은 말도 안 되는 일이고, 사용량만 잘 지키면 부작용으로 생명에 지장을 주는 일도 없다. 친척 중에 누군가가 마약을 쓰자 바로 사망했다는 식으로 말하는 사람도 있는데, 이런 경우는 마약의 부작용 때문에 사망한 것이 아니라 마약의 부작용 등을 우려해 계속 안 쓰고 견디다가, 죽기 직전에야 마약을 써서 바로 사망한 것처럼 보이는 것뿐이다.

마약에 대한 막연한 공포 때문에 고통에 시달리는 말기 암 환자를 끝까지 참게 만드는 것만큼 어리석고 잔인한 일도 없다. 만약 내가 암에 걸려 죽음을 맞이하게 된다면, 일찌감치 의료용 마약을 처방받아서 고통 없이 안락하게 이 세상과 이별하고 싶다.

제6장

죽음을 예비하다

'안녕한 죽음'을 위한 준비

가까운 미래에 누구나 죽을 것이기 때문에, 이를 위한 준비는 언제 닥칠지 모르는 지진이나 쓰나미에 대비하는 것보다 훨씬 더 실질적이고 중요하다. 나는 항상 이렇게 조언하고 관련된 정보도 계속 제공해왔다. 하지만 여전히 아무런 준비도 하지 않는 사람들이 많다. '마지막엔 병원에 가면 되겠지', '의사에게 맡기면 어떻게든 해결해주겠지', '그런 불길한 일은 떠올리고 싶지 않다'면서 외면한다.

안녕한 죽음을 위해서는 '먼저 죽음을 받아들이는 것이 중요하다'는 메시지를 전하기 위해 전작《안녕한 죽음》을 썼지만, 그 '죽음을 받아들이는 것' 자체가 어렵다는 의견을 많이 받았다. 지금 당장 받아들이라는 것이 아니라 죽음이 임박했을 때 받아들이라는 것인데,

그것 역시 어려운 모양이다.

이유는 간단하다. 인간은 본능적으로 죽음을 거부하기 때문이다. 옛날에는 그래도 딱히 문제가 되지 않았다. 너무 고통스러워지기 전에 자연스럽게 죽었기 때문이다. 하지만 지금은 의료 기술이 발달하는 바람에, 언제까지나 죽음을 거부하다가는 매우 힘겨운 상황에 놓일 수 있게 된 것이다.

죽음이 사람들의 눈에서 멀어진 것도 문제다. 집에서 임종을 맞는 사람이 많았던 시절에는 죽음도 삶의 일부였다. 슬프지만 자연스러운 일로 받아들여졌다. 하지만 지금은 죽음이 비일상적이고, 있어서는 안 될 일처럼 되어버렸다. 미디어에서도 죽음은 절대 악이고 전적으로 부정해야 한다는 의견이 대세다. 이성적이라고 보기 힘든 환경이다.

죽음을 받아들이기 위해서는 장수의 고통이나 말기의료의 비참함을 알아보는 것이 가장 좋은 방법이지만, 보통 사람들에게는 그럴 기회가 거의 없다. 노인 시설에서 일하는 사람들은 장수에 대해 긍정하면서 자신도 오래 살고 싶다고 말하는 사람이 거의 없다. 의사들도 생의 마지막 순간을 병원에서 치료받으며 보내고 싶다고 생각하지 않을 것이다. 양쪽 모두 적절한 시기에 죽는 것이 시간을 잘 관리하고 편안하며 효율적이라는 걸 실감하기 때문이다. 마지막에는 의료기관에서 벗어나 집이나 시설에서 자연스러운 임종을 맞이하고 싶어 하는 경우가 대부분이다.

1인칭 죽음

나 스스로는 '안녕한 죽음'을 맞이할 준비를 하고 있다고 생각하지만, 실제로는 어떻게 될지 알 수 없다. 그토록 연명치료는 쓸데없고 무의미하며 해롭다고 말해놓고서는 정작 죽을 때가 되면 정작 내가 튜브를 꽂고 기계에 둘러싸여 억지로 생명을 이어가게 될지도 모른다. (그렇게 되면 나를 크게 비웃어도 좋다.) '안녕한 죽음'에 대한 준비는 오로지 질병으로 인한 사망 등을 포함한 자연사를 전제로 하고 있지만, 사람이 꼭 그렇게만 죽는 것은 아니다.

얼마 전 나는 자전거를 타고 가다가 찰나의 교통사고로 하마터면 죽을 뻔했다. 신호가 없는 사거리에서 속도를 줄이면서 오른쪽을 보고 왼쪽으로 고개를 돌리는 순간, 왼쪽에서 튀어나온 승합차와 충돌했다. 순간적으로 의식을 잃었는데, 정신을 차려보니 자전거와 함께 아스팔트 위에 쓰러져 있었다.

얼마나 다쳤는지 몰라서 우선 손을 움직여보고, 팔꿈치를 구부려 팔이 부러지지 않았는지 확인했다. 숨을 크게 들이마셔 갈비뼈가 부러지지 않았는지도 확인했다. 그리고 허벅지와 발목을 구부렸다 폈다 해보면서 골절과 척수 손상이 없는 것을 확인하고 비로소 안도의 한숨을 내쉬었다. 어디 다른 데 다친 곳은 없는지 보니 바지의 무릎 윗부분이 찢어져 피가 흐르고 있었다. 하지만 무릎 슬개골은 무사해 보였고, 손을 짚어 몸을 일으켜보니 일어설 수도 있었다. 자전거 앞바퀴가 일부 휘었지만 큰 변형은 없는 것 같았다.

승합차 운전자였던 여성이 차를 세우고 새파랗게 질린 얼굴로 달려왔다. 큰 사고는 아니었기에 "괜찮습니다"라고 했더니 "죄송합니다!"하며 갑자기 무릎을

끓고 사과를 해 깜짝 놀랐다. 경찰을 부르겠다고 해서 "아니요, 괜찮습니다"라고 말하고 자리를 떠났다. 다음 일정이 있어서 서둘러 현장을 벗어났다. 그런데 나중에 지인에게 그대로 현장에서 벗어나면 그 여성은 뺑소니 범이 될 수 있으니 경찰을 불렀어야 했다고 혼이 났다.

만약 그때 내가 즉사했다면 어땠을까. 거기서 내 의식이 끊어지고, 그다음은 끝. 그렇다면 그보다 더 '편한 죽음'은 없지 않았을까. 주변 사람들은 아직 너무 젊다느니, 아직 할 일이 많이 남았다느니, 운이 나빴다느니, 꼴 좋다느니, 이런저런 말을 할 것이다. 하지만 정작 죽은 나 자신은 아무것도 알지 못할 것이다. 후회나 미련을 느낄 일도, 가족이나 친구와의 이별을 아쉬워할 필요도, 상대 운전자를 원망하는 마음도 없었을 것이다.

죽음이란 그런 것이다. 이런저런 생각을 하는 것은 주변 사람들이지, 정작 본인은 아무것도 생각하지 못한다. 흔히 말하는 '1인칭 죽음'이란 것은 없다.

불효자의 상상

또다시 나의 개인적인 이야기다. 내 어머니에게
도 비슷한 감정을 품었던 적이 있다. 아버지가 돌아가신
후, 어머니는 혼자 지내셨다. 그런데 89세 때 집에서 넘
어져 대퇴골 경부가 골절되는 사고를 겪었다. 구급차를
불러 병원으로 이송한 후 전신마취를 하고 골접합 수술
을 받았다. 사전 설명에 의하면, 수술은 한 시간 정도면
끝날 것이라고 했다. 나는 아내와 함께 병실에서 기다렸
지만 예정된 시간이 지나도 어머니는 수술실에서 나오
지 않았다. 두 시간이 지나도 아무런 연락이 없었다.

대퇴골 골절의 수술은 그리 위험한 수술이 아니
다. 하지만 드물게 혈전이 뇌로 흘러들어 뇌경색을 일
으키거나, 골절면에서 떨어져 나온 지방 조직이 혈관으
로 들어가 폐동맥을 막으면 지방색전증으로 호흡부전
을 발생할 수도 있다. 게다가 나는 마취과 의사 출신이
라 고령자의 전신마취에 동반되는 위험성(각성 지연, 치명
적인 부정맥, 혈압 저하, 심근경색, 뇌출혈, 기관지 경련, 악액질,
고열, 쇼크 등)을 잘 알고 있었다. 아는 만큼, 걱정이 꼬리

에 꼬리를 물었다. 이런저런 상상을 하며 기다리는 것은 매우 괴로운 일이었다.

혹시 의료과실이 발생해, 시간이 오래 걸리는 건 아닌가 하는 생각까지 들었다. 있어서는 안 될 일이지만, 사람이 하는 일이기 때문에 실수가 전혀 없을 수는 없다. 불행히 어머니가 그 희생양이 되지 말라는 법도 없다.

불안이 망상을 불러일으키고, 그것이 다시 불안을 부추기는 악순환 속에서 만일의 사태에 대비해 마음의 준비를 해야겠다고 다짐했다. 그 순간 문득 이런 생각이 들었다. 만약 어머니가 이대로 돌아가신다면 이보다 더 편한 죽음은 없지 않을까? 어머니는 골접합술을 받기 위해 마취를 했으니, 의식이 없는 채로 그대로 세상을 떠나게 될 테니까 말이다. 가족들은 예상치 못한 일에 놀라고, 슬퍼하고, 납득할 수 없다는 생각에 휩싸이겠지만, 정작 어머니 당신은 죽음에 대한 두려움이나 걱정 없이 세상을 떠나게 될 것 아닌가.

그때까지 어머니는 우리 부부에게 여러모로 신세를 졌다며 미안해했고, 나이가 들면서 몸이 불편해지는 것을 슬퍼하셨다. 눈과 귀가 나빠져서 TV도 잘 안 보이고, 책도 못 읽고, 대화에 참여하지 못하는 것을 힘들어하셨다. 충분히 오래 살았으니 저승에서 빨리 데리러 와주면 좋겠다는 말을 몇 번이고 반복하셨다. 그렇다면 지금, 어머니가 아무 걱정 없이 죽음을 맞이하는 것도 그리 나쁘지 않다고 생각했다.

불의의 사고나 의료과실로 어머니가 죽게 되는 상황을 긍정적으로 바라보는 인간이 과연 제정신인가 생각하는 것이 상식적인 반응이다. 대부분의 사람들이 수술 중 사고로 돌아가신다는 것은 도저히 받아들일 수 없는 일이라고 생각할 테니까. 하지만 한번 잘 생각해보라. 언젠가는 반드시 어떤 형태로든 찾아오는 것이 죽음이라면, 어머니의 연세에 본인도 모르게 최후를 맞이하는 것도 그리 나쁘지 않다. 모든 일에는 좋은 면과 나쁜 면이 있다. 죽음도 마찬가지다.

어머니는 단순히 마취에서 깨어나는 것이 늦어져 병실로 돌아오는 것이 늦어졌을 뿐이었다. 다행히 무사히 퇴원할 수 있었다.

위루술과 케모포트

위루술은 입으로 식사를 할 수 없게 된 사람의 배에 구멍을 뚫어 위장에 직접 실리콘 튜브를 삽입하고, 이를 고정하여 링거처럼 유동식을 위장에 직접 공급하는 시술이다. 케모포트는 고칼로리 정맥주사를 넣기 위해 '중심정맥'이라 불리는 심장 근처의 굵은 정맥에 카테터(관)를 삽입한 후, 링거 바늘을 꽂을 수 있도록 전흉부 피부 밑에 이식해놓은 실리콘 재질의 작은 용기를 말한다. 케모포트를 심어놓으면, 단식 중에도 필요한 칼로리를 보충할 수 있다. 위루술이나 케모포트가 필요한 경우는 연하 기능이 저하되어 흡인성 폐렴의 위험성이 높아진 경우, 혹은 쇠약해져 극심한 식욕부신이 발생한 경우다.

얼마 전 내 책을 읽은 여성 독자로부터 메일을 받았다. 93세의 어머니가 넘어져 대퇴골이 골절되었는데, 수술은 잘 끝났지만 이후 식사를 거의 못 하셔서 의사로부터 위루술이나 케모포트를 권유받았다는 내용이었다. 그렇게 하지 않으면 목숨을 보장할 수 없다고 했단다.

나는 최대한 그녀의 마음을 헤아리려고 애쓰는 한편, 그래도 아무것도 하지 말고 지켜보는 것이 최선이라고 답장했다. 하지만 그녀는 남동생의 의사에 따라, 결국 케모포트를 삽입했다고 했다. 그 독자가 보낸 이메일에는 '위루술 등을 권하지 않는다고 쓴 내 책의 내용을 읽으면서도 그것이 자신에게 닥칠 수 있는 일이라는 걸 생각하지 못했다'는 내용이 담겨 있었다. 머리로 이해하고 있는 것과 실제 마음의 준비는 별개라는 것이었다.

누구나 90세 안팎의 초고령이 되면 식욕이 떨어지고 삶의 마지막 단계에 접어들게 된다. 자연스러운 과정이지만, 의학이 발달한 현대에는 자연스러운 과정대로 흘러가게 내버려두지 않는다. 20세기 중반까지만 해도 입으로 음식을 먹지 못하면 조용히 임종을 맞이했다. 하지만 최근에는 많은 가족들이 무리를 해서라도 먹이려고 한다. 일본에서는 가족애로 여겨지지만, 서양에서는 학대로 간주된다.

하지만 의사가 "위루술이나 케모포트를 하지 않으면 이대로 돌아가십니다"라고 하면 "시술해주십시오"

라고 말할 수밖에 없다. 평소 마음의 준비가 단단히 되어 있지 않으면, "위루술이나 케모포트는 안 해도 괜찮습니다"라고 말하기 힘들다.

위루술이나 케모포트로 연장된 목숨은 환자와 가족 모두에게 가혹한 결과로 이어진다. 배변을 돕는 것은 물론이고 욕창 예방, 가래 흡인 검사, 통증케어, 관절 구축 예방, 구강관리, 타액 흡인 방지, 위루로 넣은 유동식 역류 예방 등 하는 사람도, 받는 사람도 힘든 간병이 24시간 필요하기 때문이다. 또한 이런 상황이 장기화되면 경제적 부담도 무시할 수 없다. 인생의 마지막 순간에 부자연스러운 의료 행위를 통해 미련과 집착을 주고받으며 괴로워할 필요가 있을까? 나는 평소 건강할 때 그런 미련과 집착이 남지 않도록 애정 어린 말과 표현을 충분히 하라고 조언한다.

의사가 위루술과 케모포트와 같은 무익하고 바람직하지 않은 치료술을 제안하는 이유는, 그렇게 하지 않으면 ' 머지않아 그 환자가 정말 죽을 테고, 그에 대한 책임이 뒤따를 것이기 때문이다. 죽음을 용인하는 것은 인간의 본능에 반하는 일이고, 조금이라도 생명을 연장할 수 있다면 모든 방법을 시도해야 한다는 것이 일반적인 생각일지 모른다. 하지만 그로 인해 죽어가는 사람에게 불필요한 고통을 주어도 되는 것인지 묻지 않을 수 없다.

임종 직전의 인공투석

노쇠(신체 내외부에서 발생하는 스트레스에 대항하는 생리적 여력이 줄어들었음을 의미하는 말. 노쇠해지면 매우 취약해져 작은 스트레스와 신체 변화에도 쉽게 병에 걸리고 빠르게 악화되며 거동이 어려워져 사망과 장애의 확률이 높아진다) 환자가 식욕을 잃어서 죽는다고 할 수는 없다. 가끔 소화 기능은 여전히 남아 있는데도 신장 기능이 먼저 수명을 다하는 경우가 있다. 이런 경우, 인공투석을 하면 수명을 연장할 수 있다. 심폐 기능에 문제가 없다면 인공투석으로 수명을 연장하는 것이 당연하지만, 노쇠에 가까워진 경우라면 인공투석을 해야 할지 고민스러워진다.

노쇠로 인해 신장 기능이 저하되면, 의사는 가족에게 "인공투석을 하지 않으면 사망할 위험성이 큽니다"

라고 이야기한다. 그러면 환자 가족은 "그렇다면 투석을 해주십시오"라고 대답하기 마련이다. 하지만 인공투석은 결코 쉬운 일이 아니다. 투석하는 동안 몸을 움직일 수 없고, 메스꺼움, 피로감, 근육 경련 등 많은 고통을 동반하는 치료다. 가족은 조금이라도 환자의 목숨을 연장하고 싶은 마음에 치료를 진행하겠지만, 인공투석을 받는 본인은 쓸데없이 힘든 시간을 보내는 경우가 많다.

노쇠로 인해 신장 기능이 떨어진 경우, 그 자체로 수명이 다했음을 받아들이고 차분하게 보내주는 것이 환자를 위한 것이다. 하지만 인공투석이라는 애매한 연명 수단이 있기 때문에 미련이 생기는 것이다. 본인이 원한다면 모를까, 가족의 바람으로 인공투석을 하는 것은 재고해볼 문제라고 생각한다.

평온한 죽음을 방해하는 것들

2023년 3월, 세계적인 음악가 사카모토 류이치가 세상을 떠났다. 향년 71세. 많은 사람들이 너무 이른

그의 죽음을 슬퍼했다. 사카모토는 2014년에 중인두암, 2021년에 직장암을 앓았다는 사실을 공개했다. 간과 폐로 전이되어 여섯 차례나 수술을 받았다고 전해진다. 그 치료가 수명을 연장하는 데 도움이 되었는지, 아니면 반대로 수명을 단축시켰는지는 알 수 없다. 그런데 생의 끝자락에 가족과 의사에게 이렇게 말했다고 한다. "힘들다. 이제 가게 해줘." 참으로 안타까운 일이 아닐 수 없다. 본인은 물론, 의료진과 가족도 최선을 다했지만, 결과적으로 이 모든 것들이 사카모토를 고통스럽게 만들었던 것 같다.

그렇다면 어떻게 했어야 할까? 물론 이렇게 해야 했다고 확언할 수 있는 사람은 아무도 없다. 의료는 불확실한 요소들이 가득하다. 설령 만족스러운 결과라 하더라도 그저 운이 좋았을 가능성이 높다. 똑같은 치료를 한다고 해서 모두에게 좋은 결과가 있는 것은 아니니까. 다만 한 가지 확실히 말할 수 있는 것은 '죽음에 강하게 저항하면 무익한 고통만 커질 뿐'이라는 것이다.

누구나 젊었을 때는 죽고 싶지 않기 때문에 죽음을 받아들이지 못하고 의료의 힘으로 죽음을 피하고 싶어 한다. 고칠 수 있는 병은 당연히 고치면 되고, 완전히 고칠 수 없더라도 수명을 연장할 수 있다면 그리하면 된다. 하지만 일단 어떻게 해도 죽음으로부터 도망칠 수 없는 상황이 되면, 쓸데없는 의료 행위 대신 운명에 맡기는 것이 가장 평온한 최후를 맞이하는 방법이다.

사카모토 류이치도 이걸 알고 있지 않았을까? '이젠 가게 해달라'는 것은 아무것도 하지 말아 달라는 뜻이니까. 죽음을 피하기 위해 힘든 치료를 거듭 받아 온 환자는 어느 순간 치료 중단을 바라는 것이 보통이다. 스스로도 이제 곧 마지막이라는 것을 알 수 있기 때문이다. 하지만 가족은 다르다. 소중한 가족이 죽지 않기를 바라는 간절한 소망이자 강력한 요구다. 하지만 관점을 바꾸어보면 (다소 냉혹한 표현이라 느껴질 수 있으나) 욕망이나 집착, 이기심이라고 할 수 있다. 가족을 생각하는 마음이 어떻게 이기적일 수 있느냐고 생각하는 사람도 많겠지만, 과연 임종을 앞둔 환자 본인이 극심한 고통을 감수하면서 정말 기꺼이 병마와 싸우려고 할까는 생각해볼 일이다. "생의 마지막 순간에 나를 고생시키고 괴롭게 했지만, 그건 나를 생각해서 그런 거 잘 알고 있어. 고마워”라고 말하며 세상을 떠나는 사람이 있을까?

부모님이 돌아가시기 직전까지 의사에게 할 수 있는 건 다 해달라며, 아무 소용도 없는 의료 행위(인공호흡, 심장 마사지, 정맥주사, 산소 호흡기 등)를 부탁한 사람은 언젠가 자신이 죽을 때도 똑같은 처치를 받아야 한다. 그래야 자신이 마지막 순간에 부모를 고통스럽게 했음을 깨닫게 될 것이다. 하지만 그땐 이미 늦다.

의료진이 정직하게 “임종 직전에는 아무것도 하지 않는 것이 좋습니다”라고 조언하면 좋겠지만, 자칫 잘못하면 ‘환자를 버리는 것이냐’, ‘의사의 의무를 저버리는 것이냐’, ‘끝까지 최선을 다해라’는 등 비난의 소용돌이에 휘말리기 십상이다. 그러므로 최대한 목숨을 연장하려는 척 행동할 수밖에 없다.

죽음 직전에 의료 행위가 정말 필요하다고 생각하는 의사가 있다면, 아마도 그는 햇병아리 신참 의사이거나 현실을 똑바로 보지 못하는 이상주의자일 것이다. 늙은 코끼리는 죽을 때가 되면 무리를 떠나 자신만의 장소에 가서 임종을 맞이한다는 이야기가 있다. 이처럼 죽음에 순응하며 받아들이는 것이 가장 자연스럽고 편안한 죽음을 맞는 방법이다. 마을에 참새나 비둘기, 까마귀, 도둑고양이 사체가 많지 않은 것은, 그들 역시 죽을 때가 되면 죽을 자리를 찾아 몸을 숨기기 때문이다.

어느 시점까지는 병에 걸리면 치료하면 되고, 노화를 예방하기 위해 계속 노력하면 된다. 그러나 죽음이 목전에 다가오면 아무것도 하지 말고 받아들이라 말하고 싶다. 이를 명심하면 불필요한 고통을 피할 수 있을 뿐만 아니라, 살아 있는 이 순간이 얼마나 소중한지 깨닫게 될 것이다.

현재를 헛되이 보내지 말고, 할 수 있는 범위에서 최선을 다하라. 그렇게 스스로 열심히 살아왔다고 생각한다면, 마지막 순긴에 죽음을 받아들이는 것도 어렵지 않으리라. 이렇게 쓰면서도, 나부터 그리할 수 있을지 '당연히' 알 수 없지만 말이다.

안락사 금지 국가

평온한 최후를 맞이하고 싶다면, 당연히 안락사도 하나의 선택지로 주어져야 한다고 생각한다. 안락사에 대해서는 찬반양론이 있는데, 찬성 측은 피할 수 없는 고통에서 벗어나기 위해 안락사가 필요하다고 이야기한다. 그리고 자신의 마지막은 스스로 결정할 권리가 있다고 주장한다. 반면, 반대 측은 원치 않는 안락사가 이루어질 위험성, 안락사가 미화되어 누군가는 원치 않는 안락사를 당할 우려가 있다고 반박한다.

사카모토 류이치의 "이제 가게 해달라"는 말은 받아들이는 방식에 따라 안락사에 대한 갈망으로 비치기도 한다. 나 역시 안락사를 쉽게 용인하는 것에는 반대한다. 하지만 내가 현장에서 경험했던 여러 비참한 경우들을 떠올려본다면, 여러 선택지 가운데 하나로써 안락사는 필요하지 않을까 생각한다. 의료의 온갖 수단을 다 동원했음에도 극심한 고통에 시달리는 환자를 고통에서 벗어나게 해줄 수 없는 경우라면, 누가, 어디서, 어떻게 보아도 안락사를 시켜주는 게 낫겠다고 여겨지는 경우가 엄연히 존재한다.

안락사를 반대하는 사람 본인이 그 입장이 되어서도 여전히 '죽어도 되는 목숨은 없다'고 말할 수 있다면 인정하겠지만, 고통이 인내의 한계를 넘어설 정도가 되면, 결국 '부탁이니 제발 죽게 해달라'고 말하지 않을까 싶다.

2022년 9월, 영화감독 장 뤽 고다르가 안락사로 생을 마감한 것에 대해 어느 윤리학과 교수가 신문에 기고한 사설을 보고 나는 경악을 금치 못했다. 안락사 의사를 밝혔어도 본심이 아닌 경우가 있다거나, 안락사를 용인하면 주변 사람들이 안락사에 대한 의사를 지레짐작으로 판단할 위험이 있다고 써놓았다. 그리고 '완화의료의 발달로 인해 말기 환자의 고통스러운 증상은 거의 없앨 수 있다'는 무책임하기 짝이 없는 발언을 이어갔다. 대체 어디까지 의료를 과신하고 있는 것인지 어이가 없어서 말도 나오지 않았다. 설령 사설의 쓰인 그대로 해석하더라도, '거의 제거할 수 있다'는 말처럼 제거할 수 없는 경우도 존재한다. 그래서 안락사는 제거할 수 없는 고통으로 힘든 사람들을 위한 선택지로써 필요한 것이다. 튜브와 의료기기들을 주렁주렁 달고 부종과 황달, 출혈과 하혈, 구토로 비참한 상황에서 빠져나올 수 없다면 연명치료를 중단하는 존엄사도 여러 가지 선택지 가운데 하나로 꼭 있어야 한다.

안락사나 존엄사를 부정하고 싶어하는 사람들의 마음속 깊은 곳에는 '죽음에 대한 절대적 거부'라는 경직된 사고가 자리하고 있는 것 같다. '절대적 거부'라는 것은 '사고의 정지' 같은 것이어서, 다양한 상황이 발생하는 현장에서는 아무런 도움이 되지 않는다. 아니, 오히려 해롭다.

고통 속에 죽어간 사람들은 아무 말이 없다. 그 고통을 경험해보지 못한 사람들로부터 절대적인 명제, '죽지 말라'는 말을 들으며 불필요한 고통 속에서 비참한 시간을 억지로 연장하다가 사망한 사람도 아무 말을 할 수 없다. 만약 죽은 이가 말할 수 있다면, 우리에게 어떤 이야기를 들려줄까? 그렇게 고통스러울 바에야 안락사를 시켜주었으면 좋았을 거라고 말하는 이가 적지 않을 것이 분명하다.

제7장

달콤한
유혹의 덫

욕망을 이용하는 비즈니스

언제까지나 건강하게 오래 사는 것, 우리 모두의 바람이다. 가능한 한 오랫동안 활기 넘치는 삶을 살고 싶다. 젊어 보이고 싶고 건강하고 싶다. 간병 따위는 받지 않고 싶다. 이 바람들을 실현할 수 있는 뭔가 특별한 방법이 있지 않을까?

이러한 욕망을 이용한 비즈니스가 넘쳐난다. 효과가 있을 리 없는 영양제나 건강식품. 홈쇼핑에서 "지금이 기회다", "첫 구매에 한해 반값", "한 달 무료 체험", "지금 바로 전화주세요"라며 시청자의 마음을 간지럽히고, 구매를 서두르게 하는 약삭빠른 수법에 분노마저 느껴진다.

급격한 체중 감량을 보장하고, 비타민 과잉 섭취를 권유하고, 얼굴과 몸에 이물질을 주입하는 등 건강에 좋지 않을 게 뻔한 행위를 부추기는 미용업계는 예뻐지고 싶고, 콤플렉스를 극복하고 싶어 하는 욕망에 편승해 장기적인 예후는 고려하지 않고 돈벌이에만 급급하다.

의료계도 충분한 근거가 없는 치매 예방, 암 예방 정보를 쏟아내고, 건강검진 업계는 수검자를 위하는 척하면서 업계에 이득이 되는 정보로 사람들의 환심을 사는 한편, 건강검진을 빼먹고 안 받으면 큰일 나는 것처럼 위협하여 수검자를 늘리려 한다. 제약업계는 조금이라도 빨리, 더 많이, 더 오래 약을 먹게 하려고 의사들의 비위를 맞추고 정상수치를 엄격하게 정하고, 미디어 광고를 통해 매출을 늘리려 한다.

2011년 동일본 대지진 때 많은 의료기관이 피해를 입어 일정 기간 진료를 보지 못해 약을 처방받지 못한 환자가 많았던 적이 있다. 하지만 그로 인해 기저 질환의 증상이 악화되어 돌이킬 수 없는 피해를 입었다는 이야기는 듣지 못했다. 즉, 가지 않아도 되는데 병원에 가고, 먹지 않아도 되는데 약을 먹은 사람이 많았다는 뜻이다. 2021년 신종 코로나 바이러스의 확산으로 비상사태가 선포되었을 때도 병원에서의 감염이 우려되어 소아과를 찾는 환자가 급감했다. 마찬가지로 큰 문제는 발생하지 않았다. 이는 굳이 진료를 받지 않아도 되는 아이들이 걱정 많은 부모의 손에 이끌려 불필요한 진료를 받았다는 증거일 것이다.

의료업계도 이익을 내야 유지하고 성장할 수 있기 때문에 고객을 늘리는 데 열심인 것은 어쩔 수 없지만, 편향된 정보와 약삭빠른 수법으로 일반인들을 불안에 떨게 만들고, 굳이 필요하지 않은 사람에게까지 의료 서비스를 이용하도록 끌어들이는 것에 대해서는 의문이 든다. 마치 일부 사이비 종교가 '지옥에 떨어진다', '악마에게 사로잡혀 있다'고 협박하여 신도를 모으는 것과 별반 다르지 않다고 생각한다.

'욕망 긍정주의'의 덫

오늘날의 일본은 그 어느 때보다 자유롭고 평화로우며 풍요롭다. 하지만 모두 행복한지 묻는다면, 꼭 그렇다고 말하기는 어려울 것 같다. 오히려 자유롭고 평화로우며 풍요롭기 때문에 다양한 문제가 발생하고 있다.

그중 하나가 '욕망 긍정주의'가 만들어내는 불행이다. 욕망 긍정주의는 '참고 인내할 필요가 없다'는 식의 통 큰 발상이고, 참지 않아도 된다는 친절한 시선이기도 하다. 얼핏 보면 상당히 멋진 발상처럼 보이지만, 전에 없던 불만과 불쾌감, 불행을 만들어내고 있다.

예를 들어, 현재 일본 사회에서는 '쉬워 보이는 정보'가 범람하고 있다. '쉽게 살을 뺄 수 있다', '빨리 돈을 벌 수 있다', '싸고 맛있다', '건강하게 오래 살 수 있다' 등 온갖 쉬워 보이는 정보가 많은 사람들을 끌어모으고 있다. 이들 중 일부는 액면 그대로인 것도 있겠지만, 대부분 '그림의 떡'처럼 실현 불가능한 모순덩어리 정보들이다. 이런 '쉬워 보이는 정보'가 퍼지면 사람들에게 쉽고 편한 것이 디폴트(기본값)가 되어, 본래 살아가는 데 필요한 노력이나 인내, 고민에서 멀어지게 만든다.

일본의 포크 밴드 코부쿠로는 자신들의 노래 〈lover's surf〉에서 '허황된 욕심을 부려도 괜찮다'고 당당하게 노래하지만, 지금까지 '허황된 욕심'이란 말은 일반적으로 부정적으로 쓰여왔다. 나도 어렸을 때 부모님께 '큰 욕심 부리지 말라'는 말을 많이 들었다. 그것은 허황된 기대가 실패와 불행으로 이어질 가능성이 높기 때문이다.

얼마 전 대학입학시험으로 활용되는 민간 시험을 앞두고 문부과학성(우리나라의 과학기술정보통신부, 교육부, 문화체육관광부에 해당)의 수장이 "분수에 맞게 열심히 하세요"라고 발언하여 교육 격차를 용인하는 것이냐는 비판을 받았다. '현재 우리는 평등한 사회에 살고 있으니, 태어나고 자란 환경에 절대 얽매일 필요가 없다'는 메시지는 일견 희망적으로 들리지만, 무엇이든 될 수 있다는 착각을 불러일으킨다. 현실적이지 못하다는 말이다. 이로 인해 실패하는 사람이 늘어나는 것은 아닌지 모르겠다. 그리고 실패했을 때 "기대와 현실의 괴리가 크기 때문"이라고 따끔하게 지적해주는 어른이 있다면 다시 정직하고 성실한 삶으로 돌아갈 수 있겠지만, '사회가 부조리하다', '정치가 나쁘다' 남 탓을 하기 시작하면 회복의 길에서 영영 멀어지게 된다. 무엇이든 자기 탓으로 돌리는 것도 좋지 않지만, 모든 것을 사회 탓으로 돌리는 것 역시 금물이다.

노화도 마찬가지다. 현실을 직시하는 대신 눈을 돌려 외면하면, 실제 노화의 과정을 받아들이지 못하고 한탄하고 고민하며 괴로워하게 된다. 편안한 노년을 위해 필요한 것은 첫째도, 둘째도 '현재를 받아들이는 것'이다. 즉 '나 자신을 알고 수용하는 마음'이 필요하다. 욕망을 긍정하는 장삿속에 속아 넘어가 언제까지나 건강하고 젊은 모습으로 쾌적하게 살아갈 것이라고 생각한다면, 가까운 미래에 눈앞의 일상이 불평과 불만으로 가득 찰 것이다.

'슈퍼 시니어'의 덫

욕망 긍정주의가 만연한 세상에서 방심은 금물이다. 각종 착각을 유발하여 불행과 불만을 초래하는 함정들로 가득하기 때문이다. 그중 대표적인 것이 바로 '슈퍼 시니어'들의 활약이다. 지금은 고인이 되셨지만,

슈퍼 시니어의 대표주자는 전 세이루카국제병원 명예원
장 히노하라 시게아키 씨일 것이다. 100세가 넘은 나이
에도 현역 의사로 활동했고, 말년에 발표한 책은 베스
트셀러가 되었으며, TV에도 자주 출연했다.

　　예전에 히노하라 씨는 한 TV 프로그램에서 다음
과 같은 말을 한 적이 있다. "이제 사람들은 65세에 도
움닫기를 시작하여 75세에는 가장 높은 곳으로 뛰어오
를 겁니다." 희망으로 가득 찬 발언이지만, 현실적이지
않다. 오히려 폐해가 많다. 예컨대, 정신적으로나 육체
적으로 은퇴할 나이의 사장이 다시 의욕을 불태우는 경
우라고 할 수 있다. '노인네'라든지 '꼰대' 같은 말은 별
로 쓰고 싶지 않지만, 현실적으로 여기저기서 수군거릴
것이 뻔하다. 직장에서 열심히 일하는, 높은 시위의 노
인들은 대부분 주변 사람들을 불편하게 하는데, 본인만
그것을 깨닫지 못하는 경우가 많다. 어떤 사람은 '젊은
이들이 나를 그만두게 내버려두지 않는다'고 말하지만,
그런 사람일수록 모두가 뒤에서는 하루빨리 은퇴하기
를 바라고 있는 경우가 많다.

　　또한 히노하라 씨는 방송에서 "나는 엘리베이터

를 타지 않습니다. 계단도 두 칸씩 오릅니다"라고 말한 적이 있다. 그런 말을 들으면 "그래, 나도 질 수 없지!"라며 갑자기 계단을 두 칸씩 따라 오르는 사람이 있는데, 까딱 잘못하면 넘어져 골절로 누워만 있게 되거나, 혹은 심장발작을 일으켜 영면에 들 수도 있다.

그런 말을 한 히노하라 씨도 자신의 책에서는 계단 오르기에 대해 '갑자기 무리한 운동을 하는 것은 금물'이라고 적어놓았다. 하지만 TV에서는 이러한 부연 설명이 생략된다. 시청자들의 관심이 한껏 고조되어 있는데 찬물을 끼얹을 수는 없으니까.

최근에는 나이 지긋한 여성 배우들이 TV에 출연하여 젊음과 미모, 활기찬 모습을 당당하게 보여주고 있다. 자연스러운 인간의 모습이라고는 도저히 생각할 수 없다. 아마도 남다른 노력과 막대한 투자가 뒤따랐을 것이다. 물론 그녀들의 진짜 젊음의 비결은 숨겨져 있고, 미디어에는 아주 평범한 것만 공개한 것일 수도 있다. 게다가 그렇게 활기차 보이는 노년의 여성 배우들도 카메라만 꺼지면 '후우' 하고 숨을 내쉬며 쫙 펴고 있던 등을 원래대로 굽히는 것은 아닌지 모르겠다. 집에

돌아가 더욱 긴장이 풀리면, 나이에 걸맞은 노화 현상
이 더 많이 드러날 것이다.

하지만 시청자들은 그렇게까지 상상하지 않는
다. 일상생활에서도 젊고 아름다울 것이라고 생각한다.
문제는 이런 눈속임이 노년을 향해 가고 있는 중년층에
게 노년의 혹독함에 대한 준비를 소홀하게 만든다는 점
이다. '여든이 넘어도 저렇게 살 수 있구나', '아흔에 가
까워져도 저렇게 활기가 넘치는구나' 낙관하며 안도해
버리는 것이다.

슈퍼 시니어들이 건강한 이유는 투자도 있겠지
만, 기본적으로 타고난 체질 덕분일 가능성이 높다. 원
래 장수 체질이 아니라면 무엇을 해도 그리 효과적일 수
없다. 타고난 체질(즉, 유전자)은 바꿀 수 없으므로, 편안
한 노년을 실현하기 위해서는 자신의 체질 안에서 건강
할 수 있는 길을 찾고 그 안에서 만족을 얻는 것이 최선
이다. 그런데 슈퍼 시니어의 활약상을 보면 '나도 저렇
게 되고 싶다. 저렇게 되면 좋을 텐데, 나도 저렇게 될
수 있을 거야'라고 생각하는 사람들이 늘어난다. 그리
고 그리되지 않으면 실망해서 불평을 늘어놓는다.

내가 노인 데이케어 클리닉에 근무했을 당시, 몸이 약해지고 거동이 불편해진 것을 한탄하는 사람이 많았다. 그러나 자신의 노쇠함을 별로 불쾌해하지 않는 사람도 있었다. 그런 사람들은 "나이 먹으면 원래 다 이런 건데 뭐"라고 말하며 현실을 받아들이는 사람이었다. 이런 사람들은 노화라는 현실을 제대로 인식하고, 허황된 욕심을 버리고 자신의 체질과 상황에 맞게 생활하며 만족하는 법을 터득한 것 같았다. 이것이 노년을 편히 보내기 위한 '삶의 지혜'다.

뛰어난 사람일수록 노화가 괴롭다

노인 데이케어 클리닉에서 근무했을 당시, 나의 일과 중 하나는 테이블을 돌며 이용자들의 상태를 체크하는 것이었다. 내가 "오늘 어떠세요?"라고 물으면 '괜찮다'고 말하는 분도 있었지만, 대부분은 이런저런 증상을 호소했다.

"허리가 아파요. 사흘 전부터 너무 아파서 견딜

수가 없어요”, “숨쉬기가 너무 힘들어요”, “다리가 부어서 밑으로 빠질 것 같고 무기력해요”, “눈곱이 끼고 귀에서 물이 나와요”, “변이 딱딱해서 힘을 주면 뇌혈관이 터질 것 같아요”, “오줌 냄새가 너무 심해요”, “밤에 잠이 잘 안 오고 겨우 잠들었다 싶으면 화장실에 가고 싶어서 깨요” 등등.

　　마흔 명이 넘는 어르신들의 불편함을 들어드리는 것은 꽤나 힘든 일이다. 어르신들이 호소하는 증상 대부분은 쉽게 낫지 않는 것들뿐이다. 하지만 이런 증상은 나이가 들면 어느 정도 예측 가능한 것들이다. 다만 머리로는 알지만 자기 일처럼 받아들이기 어려운 것일 뿐.

　　사람은 누구나 나이가 들면 다리가 약해지고, 손이 저리고, 숨이 차고, 몸의 움직임이 느려지고, 잠을 잘 못 자고, 소변을 보는 것이 불편해지고, 밤에 화장실을 자주 가고, 배는 더부룩한데 가스가 나오지 않고, 나오지 않아도 될 가래나 눈곱, 침이 계속 나오고, 무릎이 아프고, 허리가 아프고, 삼키는 기능, 소화기능, 대사기능이 떨어진다. 즉 몸이 약해진다. 모두 노화에 따른 자연스러운 변화지만, 이것을 받아들이기는 쉽지 않다.

'늙는다는 것은 곧 잃는다는 것'이라는 말이 있다. 체력을 잃고, 능력을 잃고, 미모를 잃고, 여유를 잃고, 직장을 잃고, 기회를 잃고, 지위와 역할을 잃고, 집을 잃고, 즐거움을 잃고, 마지막에는 삶의 의미마저 잃게 된다. 그런 혹독한 노년을 차분하게 받아들이기 위해서는 상당한 마음의 준비가 필요하다.

뛰어났던 사람은 인생에서 얻은 것이 많은 만큼 잃는 괴로움도 더 많이 견뎌야 한다. 직장에서 높은 지위에 올랐던 사람은 은퇴하고 평범한 사람이 되는 것에 대한 거부감이 클 가능성이 높다. 머리가 좋다고 자부해온 사람이 기억력이나 계산력이 떨어지고 말실수나 착각 등을 해서 누군가에게 지적을 받으면 화가 나거나 충격을 받아 우울해질 수도 있다. 반면 원래부터 그다지 뛰어나지 않았던 사람은 은퇴를 해도 비슷하다. 기억력 감퇴 등도 크게 신경 쓰지 않는다.

젊어서부터 건강에 신경을 써서 어디 하나 아픈 곳이 없었던 사람은 노화로 인한 불편함을 견디기 힘들어한다. 젊었을 때부터 몸이 안 좋았던 쪽이 오히려 익숙해져 있는 만큼 '나이가 들면 이런 거지' 하고 쉽게 받아들이는 편이다.

나보다 여덟 살 많은 지인 하나는 고학력에 사회적 지위도 높았지만, 노화를 받아들이지 못해 힘들어했다. 나이가 일흔여섯이면, 쇠약해지는 게 당연한데도, 어떻게든 젊은 시절의 상태를 유지하려고 애썼다. 지금까지 큰 좌절을 경험한 적이 없고, 오히려 노력으로 어려움을 극복해온 성공 경험만 있었기 때문에 노화도 노력으로 이겨내려고 했다. 물론 마음도 편하지 않았을 것이다. 아내가 "이제 적당히 하고 포기하지 그래요"라고 말해도 고집스럽게 포기하지 않았다. 포기는 패배주의자들이나 하는 것이라고 생각해서 더 노력했다. 포기하면 끝이라고 생각했디.

나이가 들면서 몸이 내 뜻대로 움직이지 않고 기력이 쇠약해져도 받아들이고 '자연스러운 노화의 과정'이라고 생각하면 조금 편해진다. 바로 '포기의 쓸모'다. 포기한다는 것은 원래 '환해지다'라는 뜻을 가지고 있는데, '자세하고 명확히 밝히다'라는 뜻이기도 하다. 불교에서 '제'(諦, 일본어로 '포기하다'라는 뜻의 동사)는 '진리, 도리'를 뜻한다. '포기할 수 없다'는 것은 상황을 명확하게 밝히지 못하고, 진리에 도달하지 못했다는 의미다. 그렇기 때문에 안절부절못하고 초조해하며 답답해하는 것이다.

건강 유지와 노화 방지를 위한 노력에도 뜻밖의 함정이 숨어 있다. 매일 꾸준히 운동하고, 술과 담배도 하지 않고, 밤새지 않고, 영양의 균형을 고려하고, 자극적인 음식도 피하고, 비만이 되지 않도록 신경 쓰고, 피로를 조절하고, 건강검진도 빠뜨리지 않고, 스트레스도 받지 않고, 세심하게 건강에 신경을 써도 노화는 진행된다. 암이나 뇌경색, 파킨슨병, 혹은 치매도 때가 되면 찾아온다.

그때가 되면 냉정하게 받아들일 수 있을까? 그토록 노력했는데, 억울한 마음에 괜한 한탄만 하고 있지는 않을까 걱정스럽다. 물론 노력하면 위험은 낮아질 수 있다. 하지만 제로가 될 수는 없다. 그 점을 미리 알아두지 않으면 건강 관리에 소홀했던 사람보다 정신적으로 더 큰 고통을 겪을 가능성이 크다.

사후세계의 유혹

노화의 끝에는 죽음이 있다. 그럼 죽고 나면 어떻게 되는 것일까? 죽음이 두려워서 아마 대부분은 죽고 싶지 않을 것이다. 하지만 자살하는 사람도 많다. 죽고 싶을 정도로 사는 게 힘들고 괴로워서일 것이다. 하지만 그런 사람들도 고민과 괴로움이 해소된다면 자살을 선택하지는 않을 것이다.

최근에 죽음에 관한 흥미로운 책을 읽었다.《죽음은 존재하지 않는다》라는 제목의 책이었다. '뭐 이런 어이 없는!' 하는 생각으로 읽었는데, 저자는 도쿄대학교 출신의 원자력공학 박사로 지금까지 과학자의 길을 걸어왔으며 스스로 '유물론적 사상'(만물의 근원을 물질로 보고, 모든 정신 현상도 물질의 작용이나 그 산물이라고 주장하는 이론)을 신봉해온 사람이라고 밝히고 있었다. 그런 그가 어찌하여 '사후세계가 존재한다'고 생각하게 된 것일까?

저자는 불길한 예감이나 이심전심, 혹은 융의 '동시성'(의미 있는 우연의 일치)과 같은 신비한 현상이 일어나는 배경으로 '제로 포인트 필드 가설'을 제안하고 있

다. ‘제로 포인트 필드’는 우주의 탄생도 포함하는 ‘양
자진공’이라고 불리는 곳에 ‘제로 포인트 에너지’가 채
워져 있는데, 그곳에 우주의 탄생부터 지금까지의 모든
것들이 양자물리학적으로 기록되어 있다는 것이다. 현
세의 인간도 모두 여기에서 발생했기 때문에 육체는 사
라져도 영혼이 ‘제로 포인트 필드’로 돌아가서 그대로
존재한다고 했다. 이 때문에 죽음은 존재하지 않는다는
논리였다. 그리고 앞서 말한 우연의 일치와 같은 신비
한 사건도 ‘제로 포인트 필드’에서 나오는 파동에 의해
발생한다고 설명했다.

간추려 옮기고 보니 설득력이 떨어지는 것처럼
느껴지지만, 본문을 읽다 보면 의외로 명쾌하고 논리적
이다. 어떤 부분에서는 무릎을 치게 만드는 부분도 있
어서 ‘어쩌면 이 가설이 맞을지도 모르겠다’는 생각이
들 정도다.

‘제로 포인트 필드’로 넘어가면 모든 것이 정화되
어 현세에서의 고통과 번뇌, 원한, 후회, 슬픔, 불안, 질
투, 미련, 불쾌함이 사라지고 ‘행복으로 가득 찬 세계’에
도달한다고 한다. 죽고 난 후 이런 멋진 세계가 기다리

고 있다면 현세에서 힘들게 고생하지 말고 빨리 행복한 세계로 가는 것이 낫지 않을까 하는 생각이 들었다. 이 가설이 널리 유포되면 자살자가 속출하지 않을까 걱정스러울 정도였다.

저자도 이 부분이 염려스러웠는지 페데리코 펠리니의 영화 〈길〉(La Strada, 1957)을 인용하며 모든 삶은 의미가 있다고 이야기한다. 그리고 아무리 고통스러워도 '영혼 성장의 길'을 걸어가길 바란다고 적고 있다. 하지만 이때까지의 논리적이고 명쾌한 설명에 비하면, 상당히 설득력이 떨어진다. 사후세계의 존재를 긍정하고 그것이 장밋빛인 것처럼 이야기하는 것은 자칫 자살을 긍정하는 것으로 비칠 수도 있다. 그래서 양면성을 지니고 있다는 것이다.

내가 즐겨 읽는 미즈키 시게루의 만화에도 죽으면 영혼이 되어 아무 걱정 없는 세계로 넘어간다는 이야기가 나온다. 주인공은 죽어서 그 사실을 알고 '신도 참심술 궂으셔'라며 얼굴을 찌푸린다. 그러자 그를 인도해온 영혼이 '아니죠, 숨겨두지 않으면 자살자가 늘어날 테니까요. 이히히히'라고 말하며 비웃는다(《요괴 박사의 아침 식사》의 '이상한 전차' 내용 중).

　　어쨌든 사후세계가 있는지 없는지는 누구도 알 수 없다. 내가 이전에 쓴 책《안녕한 죽음》에서도 언급했지만, 만약 사후세계가 존재한다면 처음 200년 정도는 참을 수 있을지 모르겠다. 그러나 사후세계가 만 년, 2만 년 계속 이어진다면 너무 지겨워서 그만 사라져버리고 싶지 않을까?

생명을 함부로 대하는 나라에서
소중히 여기는 나라로

　　앞서 많은 사람들이 사카모토 류이치의 죽음이 너무 이르다며 슬퍼했다고 했다. 하지만 나는 일흔한 살의 죽음이 그렇게 이르다고는 생각하지 않는다. 오히려 죽기 적당한 시기가 아니었나 생각한다. 물론 그런 말을 입 밖에 내면 '죽어서 다행이라는 것이냐'며 맹공이 쏟아질 것 같아서 침묵으로 일관해왔다. 하지만 온갖 방법을 동원해 암에 걸린 환자를 억지로 살게 만드는 것은 잔인한 일이다. 설령 치료가 성공적이어서 죽음으로부터 멀어졌다 하더라도 치료와 항암제 부작용으로 본인은 상당히 힘든 상황이었을 가능성이 크다. 이런 현실을 무시하고, 그의 나이만 보고 단순하게 너무 이르다고, 더 살았으면 좋았을 거라고 말하는 것은 사려 깊지 못한 행동이다.

많은 사람들이 장수는 축하할 만한 일이라고 생각하지만, 그것은 아직 그만큼 살아보지 못한 사람의 느낌일 뿐이다. 실제로 오래 사는 사람의 고통은 당사자만이 알 수 있다. 평균 수명이 늘어난 지금, 너무 오래 사는 것의 고통과 불편함, 비참함은 이미 외면할 수 없는 수준이다.

적당한 시기에 죽는 것, 그것이 가장 편하고 현명하며 본인과 가족, 사회에도 유익하다. 그러나 죽음을 긍정하는 의견은 찾아볼 수 없다. 앞에서 사후세계를 미화하면 자살자가 늘어날 위험이 있다고 했지만, 자살에 대해서도 긍정적인 말은 일체 입 밖에 낼 수가 없다. 나도 자살이 바람직하다고 생각하지 않는다. 그러나 만약 자살을 시도하는 사람에게 죽지 말라고 하려면 그 사람이 가지고 있는 문제나 고민을 해결해주거나, 적어도 마음이 편해질 수 있는 조치를 취해주어야 하지 않을까? 단순히 '자살하지 말라'고 말하는 것은 죽을 만큼 괴로워하는 당사자에게 아무런 도움이 되지 않는다. 죽을 만큼 어려운 상황을 무작정 참으라고 말하는 것이나 마찬가지니까. 어려움에 처한 사람의 마음을 전혀 헤아리지 못하는, 냉정한 태도라고 생각한다.

자살을 반대하는 사람 중에 상대방의 고통과 아픔에 대한 충분한 공감은 뒷전이고, 단지 내 마음 편하자고 상대방이 죽지 않았으면 좋겠다는 자기중심적인 바람을 가진 이가 있는 것은 아닐까? 만약 그렇다면 극단적인 이기주의라고 할 수 있다. 그렇다고 죽고 싶은 사람을 죽게 내버려두면 어떨까? 물론 그것도 좋은 해결책은 아니다. 내가 하고 싶은 이야기는 '죽음을 전면 부정하는 것은 좋지 않다'는 이야기다. 의료 현장에서는 억지로 살리기 위해 노력하기보다 죽게 내버려두는 편이 더 나은 경우도 분명 존재한다.

2차 세계대전 때까지 일본은 분명 생명을 경시하는 나라였다. 이는 아마도 무사가 할복하던 막부시대

때부터 이어져온 것이리라. 그러나 제2차 세계대전 당시 〈전진훈〉(1941년 육군대신 도조 히데키가 발령한 훈령으로, 군인의 행동규범을 나타낸 문서)의 '살아서 포로의 치욕을 당하지 말라'는 명령이나 카미카제(제2차 세계대전 말 항공기에 폭탄을 싣고 연합군 함선에 충돌하여 자살 공격을 했던 특공대) 등을 통해 생명을 경시하는 태도가 분명하게 드러났다.

그러나 패전 이후에는 분위기가 180도 바뀌었다. 이제는 '생명을 지나치게 소중히 여기는 나라'가 된 것 같다. 생명을 소중히 여기는 것이 무슨 문제냐고 생각하겠지만, 이는 원론적인 사고일 뿐이다. 좀 더 깊이 들여다보면, 생명을 지나치게 소중히 여기는 것에도 여러 가지 폐해가 있다.

다시 회복하여 원래의 생활로 놀아가기 힘든 환자를 죽지도 못하게 하는 비참한 연명치료가 대표적인 예라고 할 수 있다. 인공호흡기, 중심정맥영양, 그밖에 다양한 의료기기들에 둘러싸여 의식도 없는 환자가 생명을 유지함으로써 인간의 존엄성을 심각하게 훼손당하는 상태를 말하는 것이다. 그 외에도 식욕을 잃은 노인에게 억지로 음식을 먹이는 것, 위루술이나 케모포트 등을 통해 영양을 공급하는 것도 마찬가지다. 본인이 원한다면 모르겠지만, 가족의 희망에 따라 이뤄지는 경우가 대부분이다. 가족을 위한 마음으로 했던 여러 가지 노력이 오히려, 삶의 끝자락에 선 환자를 고통스럽게 만들 수도 있다.

안락사를 하나의 선택지로 인정하지 않는 것도 마찬가지다. 죽음을 용인하는 것이 불손하고 냉혹하며 부도덕하다고 생각하기 쉽다. 하지만 생명에 대한 맹목적인 존중이 오히려 불합리와 비참함, 잔인함을 낳고 있다.

예전에 내가 재택의료로 진료했던 췌장암 말기 환자가 임종을 앞두고 있을 때, 소식을 듣고 달려온 친척들이 침대 옆에서 "힘내!", "정신 차려!", "기운 내!"라고 환자에게 계속 소리친 적이 있었다. 그러자 곁을 지키던 남편이 그들을 저지하고 아내에게 "이제 그만 편히 쉬어요"라고 속삭였다. 병원에서 아내의 오랜 투병 생활을 지켜보고, 그녀가 집에서 마지막을 맞고 싶어하는 마음을 십분 공감했던 남편이라 할 수 있는 말이었다.

물론 힘내라던 친척들에게 악의가 있었던 것은
아니다. 하지만 죽음을 목전에 둔 상황에서 힘내라는
말은 너무 가혹하다. 아내의 죽음을 받아들이는 남편의
마지막 인사야말로 진정한 사랑이자 다정함이었다고
생각한다.

제8장

어떻게 나이 들 것인가

다음 단계를 위한 준비

무슨 일이든 잘 해내려면 준비가 필요하다. 노화는 누구나 처음 겪는 과정이다. 그리고 그 과정에서 나쁜 일이 일어나는 경우가 많기 때문에 미리 준비하는 것이 무엇보다 중요하다. '언제까지나 젊고 건강하게'라든지, '아직은 젊은이에게 질 수 없지'라든지, '단순히 숫자만 바뀌는 것뿐이야'라는 식으로 현실을 외면하는 것은 그럴싸한 희망을 준다. 하지만 이런 식으로 현실을 외면하고 아무런 준비 없이 노화를 맞이하면, 생각지 못한 곤란과 불쾌, 짜증, 슬픔, 절망을 겪을 가능성이 높다.

나는 전주곡이랄까, 축소판과도 같은 상황을 몸소 체험했다. 20년 전에 작가로 데뷔한 이래로 줄곧 글을 써달라는 주문이 끊이지 않았다. 그래서 아무도 내 글을 찾지 않는 날이 올 거라고는 생각해본 적이 없었

다. 언젠가는 끝이 나겠지만, 계속 쓸 수 있을 거라고
마음 편히 생각했다. 그런데 장편소설 구상안이 한 편
무산된 후, 한동안 어떤 출판사로부터도 연락이 오지
않는 상태가 이어졌다. 소설뿐만 아니라 에세이나 칼럼
을 써달라는 주문도 뚝 끊겼다. 문득 '이대로 은퇴하는
걸까?' 하는 생각이 들자, 갑자기 눈앞의 땅이 꺼질 듯
한 불안이 엄습했다.

뭘 그리 요란을 떠느냐 생각할 수도 있겠지만,
어느 순간부터인가 내게 '글쓰기'는 삶의 중심이었다.
글을 쓰지 않으면, 나는 앞으로 무엇을 해야 할까? 시
간을 어떻게 쓰면 좋을까? 지금 쓰고 있는 작업실도 쓸
모없는 공간이 되고, 그 공간의 의미도 사라진다. 창작
을 위한 자료도, 메모도, 사진도, 책도, 모든 것이 무의
미해질 것이었다. 그때 나는 이제까지 경험해보지 못한
불안과 처음 마주하게 되었다.

왜 그렇게 불안했을까? 짐작 가는 게 있기는 하
다. 소설을 써달라는 의뢰가 언제까지나 계속될 거라고
생각하지는 않았지만, 그렇다고 그렇게 갑작스럽게 끝
날 거라고도 생각하지 않았다. 결국 언제까지나 내 소

설을 찾는 독자와 출판사가 계속 있을 거라고 생각했던 것과 별반 다르지 않았다. 그래서 글을 써달라는 의뢰가 끊겼을 때, 스스로도 이상하다고 느껴질 정도로 당황했던 것이다.

죽음도 마찬가지다. 사람은 누구나 자신이 죽는다는 것을 알고 있다. 그렇지만 지금 당장 죽는 것은 아니다. 그러니까 지금 죽는 건 아니라고 생각하는 것은 자신이 언제까지나 죽지 않을 거라고 생각하는 것이나 마찬가지다. 그래서 많은 사람들이 실제로 죽음을 목전에 두면 예상치 못한 불안에 휩싸여 조급해하고, 두려워하고, 괴로워하는 것이다.

그렇다면 어떻게 해야 할까? 일이 끊겨 불안해졌을 때, 나는 그 상황을 필사적으로 받아들이려고 노력했다. 발버둥 쳐도 소용없고 스스로 상황을 바꿀 수 있는 것도 아니라면, 받아들일 수밖에 없다고 생각했다. 어떻게든 불안을 억누르고, 글쓰기의 고통에서 해방될 수 있다거나 자유시간이 늘어난다거나 하는 장점을 생각하려고 노력했다. 모든 일에는 좋은 면과 나쁜 면이 있으니까, 일이 없어져도 좋은 면이 있을 거라고 열심히 머리를 쥐어짰다.

그렇게 스스로를 다스리기 위해 고군분투하고 있을 때, 운 좋게 새로운 원고 의뢰가 들어와서 구원을 받은 기분이었다. 마치 불치병에 걸렸는데 특효약을 만난 것 같은 기분이었다. 다행히 지금은 다시 몇 건의 의뢰가 들어와서 멘탈이 안정되어 있지만, 언제 다시 중단될지 모른다. 진지하게 준비해두지 않으면 정말 일이 없어졌을 때 냉정하게 받아들일 수 없을 것 같았다. 나는 그 상황이 마치 현실의 일인 것처럼 상상하고 받아들이기 위한 준비를 시작했다.

일을 시작하면 언젠가 끝이 난다. 어쩔 수 없는 일이고, 미련은 헛된 것이다. 저항하면 더 큰 고통을 겪을 뿐이다. 언젠가 모든 것이 끝나는 순간이 오더라도 패닉에 빠지지 않도록, 지금 할 수 있는 일에 최선을 다해 후회를 남기지 않기로 다짐했다. 그리고 일이 끊겨 시간 여유가 생기면 할 일과 하고 싶은 일도 생각 중이다.

작년부터 학창 시절에 내가 열광했던 탱크 프라모델 조립을 50여 년 만에 다시 시작했는데, 시간이 많아진다면 그것에 몰두해볼까 한다.

욕망과 집착

　예전에 내가 진료했던 환자 가운데 혼자 사는 여성이 있었는데, 그녀는 자신이 죽은 후 가족에게 폐를 끼치고 싶지도 않고 보기 흉한 모습을 보이기도 싫어서 집을 정리하고 싶은데, 힘이 없어서 그러질 못하고 있다고 한탄했다.

　몇 번이나 똑같은 넋두리를 반복해서 나는 "나이가 들면 그런 욕망이 있어도 참는 수밖에 없어요"라고 달래주었다. 그러자 그녀는 진심으로 놀란 표정으로 "그게 욕망이라고요?"라고 되물었다. 그녀에게 그것은 당연한 일, 최소한의 해야 할 일이었다.

　그녀에게 욕망이란, 돈이 많았으면 좋겠다거나, 여유 있는 생활을 하고 싶다거나, 출세하고 싶다거나 하는 것이었다. 사망 후에 가족에게 폐를 끼치고 싶지 않다는 마음을 그런 것들과 같은 선상에 놓고 말한 것이 불편했던 모양이다.

　하지만 넓은 의미에서 그러한 마음 역시 '욕망'이다. 욕망이라고 말하는 것이 거북하다면, 무엇이든 편

한 대로 불러도 좋다. 사망 후에 가족에게 폐를 끼쳐서
는 안 된다는 것을 의무처럼 생각하며 떠안고 있으니
까, 그리 할 수 없는 현실이 한심하고 비참하게 느껴져
괴로운 것이다.

　　욕망과 집착이 괴로움의 씨앗이라는 것은 이미
2,600년 전 인도의 석가모니가 자세히 밝혔다. 비슷한
시기 중국에서는 노자가 '무위이무불위'(無爲而無不爲, 아
무것도 하지 않으나, 못 하는 것이 없다)라고 말했다. 즉, 많
은 것을 요구하기 때문에 고통이 생기고, 이것저것 바라
기 때문에 여러 가지 일이 잘 풀리지 않는다는 뜻이다.

　　그런데 욕망을 긍정하는 현대 사회에서는 '더 많
이 요구하라, 더 많이 욕망하라' 부추기며 고통의 씨앗
을 늘리기만 하는 것 같다. 죽음과 노화는 있는 그대
로 받아들여야 쓸데없는 문제를 일으키지 않고 더 편안
하게 지낼 수 있음에도 불구하고, 이를 부정하는 건강
법이나 의료 정보들이 넘쳐난다. 그리고 이 모든 것의
이면에는 돈벌이가 숨어 있다. 얻을 게 없는데 다른 사
람에게 이득이 되는 정보를 제공하는 사람은 어디에도
없다.

누구에게나 건강하게 오래 살고 싶은 마음이 있다. 그리고 그 마음은 떨쳐버리기 쉽지 않다. 그렇다면 어떻게 해야 할까? 그런 마음을 이미 실천하고 있는 사람에게 배우는 것이 좋지 않을까? 내 아버지가 그런 생각을 가진 분이었다. 나는 아버지에게서 쓸데없는 일을 하지 않는 효용성, 안심과 안전을 지나치게 추구하지 않는 여유로움, 아등바등하지 않는 현명함 등을 배울 수 있었다. 내 아버지가 자주 하셨던 말씀이 도움이 될 것 같다.

무위자연(無為自然), 인위적으로 무언가를 하려 하지 말고 순리에 맡겨라.
막망상(莫妄想), 망상하지 마라. 불안이나 걱정, 망설임은 망상이다.
소욕지족(小欲知足), 욕심을 줄이고 만족할 줄 알아야 한다.

아버지는 오래 살기 위해 헛된 노력을 하지 않았다. 당뇨병에 걸렸어도 단것을 마음껏 먹었고, 담배도

양껏 피웠다. 건강을 위한 운동이나 절제는 전혀 하지
않았다. (물론 그렇게 해서 병이 악화되어 죽게 되더라도 받아들
일 각오는 있어야 한다.) 그렇게 여든일곱 나이에 "좋은 인
생이었다" 하고 웃으며 집에서 삶을 마감했다. 정말 운
이 좋았는지도 모르겠다. 하지만 내게 아버지는 좋은
본보기가 되어주셨다.

무도인은 틀니에 빨리 적응한다

얼마 전 《내가 생각하는 간병 – 삶의 일부로서》
라는 책에 대한 서평을 부탁받았다. 40인의 저자가 각
자 간병에 얽힌 이야기를 솔직하게 쓴 책으로, 더 나은
간병을 하기 위한 고민이 담겨 있었다. 하지만 당사자
들의 이야기가 너무 적나라한 데다 내용도 천차만별이
라, 더 나은 간병을 위한 정답 같은 건 찾을 수 없겠다
는 다소 비관적인 생각도 들었다.

그중 유일하게 희망을 느끼게 해준 것은 프랑스
문학가이자 사상가 등 여러 직함을 가진 우치다 타츠루

씨의 글이었다. 우치다 씨는 합기도 7단의 무도인이기도 한데, 자신의 스승에게서 이런 말을 들었다고 했다. "합기도인은 틀니에 빨리 적응한다."

자신에게 딱 맞는 틀니는 찾기가 쉽지 않다. 형태를 본떠서 만들어도 어딘가 어긋나거나 헐겁게 느껴진다. 또 고생해서 자신에게 딱 맞는 틀니를 만들어도 얼마 지나지 않아 잇몸이 얇아져서 또다시 불편함을 느끼게 된다. 그런데 틀니에 입을 맞춘다는 식으로 발상을 전환하면 문제가 바로 해결된다. 물론 처음에는 위화감이 들지만, 사용하다 보면 익숙해지고 그걸 받아들이면 어느새 잘 맞는 것이 된다는 말이었다.

우치다 씨는 글에서 "합기도뿐만 아니라 무도는 '주어진 상황에 맞게 최적화하는 것'을 목표로 한다"고 적었다. 최적화란 상대방의 상황에 맞춰 가장 자유도가 높은 상황을 만드는 것이다. 그렇게 함으로써 다음 행동의 선택지가 극대화되어 '무슨 일이 있어도 괜찮다'는 마음가짐이 생긴다고 한다. 이런 마음가짐을 얻기 위해서는 '자기다움'이나 '나름의 고집', '이것만은 양보할 수 없다는 것'이 있어서는 안 된다. 그런 것에 구속받으면 자유도가 떨어지고 흥분하여, 어깨가 딱딱하게 굳어 버린다. 그럼 이길 수 없다고 적고 있었다.

우치다 씨의 글에 바람직하게 나이 들어가는 방법에 대한 힌트가 있다. 요즘 신문 등에서 '나다운 삶'이나 '나다운 최후'와 같은 다정한 문구를 자주 볼 수 있는데, 그것이 실현될 수 있다면 더할 나위 없이 좋겠지만 여러모로 쉽지 않은 것이 사실이다. 그런 듣기 좋은 말에 현혹되지 말고 주어진 상황에 자신을 맞추는 것이 여러 가지 불운과 고장이 일어나는 노년에 현명하게 대처하는 방법이라 할 수 있다.

이는 욕망과 집착을 버리고 노화와 죽음을 받아들이는 것이 얼마나 중요한지를 말해준다. 더 나은 환경이나 돌봄을 추구하는 것도 중요하지만, 부족함만 바라보며 불만을 늘어놓기보다 주어진 상황에 감사하고 만족할 줄 알아야 마음 편히 노년을 보낼 수 있을 것이다.

모든 것은 비교의 문제

'만족할 줄 안다'는 이야기를 하다 보니 노인시설에 입소한 여성 환자 두 명의 일화가 떠오른다. 진료를 위해 시설을 방문하면, 한 사람은 진료를 받을 때마다 '식사가 맛없다', '방이 좁아서 숨이 막힌다'며 불만을 토로했다. 반면, 다른 한 사람은 '식사가 맛있다', '방이 깨끗해서 기분 좋다'며 만족스러워했다. 물론 두 사람 모두 같은 음식을 먹고, 같은 구조의 방을 쓰고 있었다. 왜 이토록 두 사람의 반응이 달랐을까? 예상하는 바처럼 불평을 늘어놓았던 여성은 부유했고, 만족했던 여성은 그다지 부유하지 않았다. 이전까지의 생활과 현재를 비교하다 보니 같은 식사, 같은 방을 놓고도 평가가 정반대로 나뉜 것이었다.

주거나 음식, 의료 같은 물질적인 부분은 물론이고 인간관계나 영화 같은 것도 만족 여부는 기대치와 현실의 비교에 의해 결정된다. 예를 들어 '저 집 라면이 굉장히 맛있다'는 추천을 받아서 가면, '추천할 정도는 아니다. 별로다'라고 실망하기 십상이다. 하지만 별

기대 없이 들어간 허름한 가게에서 비슷한 맛을 느꼈다면, 득을 본 기분이 든다. 확실히 사람들은 기대치보다 현실이 더 좋으면 만족하고, 낮으면 불만을 느낀다. 그렇다면 사전 기대치를 최대한 낮추는 것이 현실에서 만족을 얻기 쉬운 방법이지 않을까 싶다.

의료도 마찬가지다. 병이 꼭 나을 것이라고 생각했는데 낫지 않으면 크게 낙담한다. 하지만 어려운 병이고 의료에도 한계가 있음을 인정해서 낫지 않을 수도 있다고 미리 마음의 준비를 해둔다면, 상황을 받아들이기가 훨씬 쉽다. 물론 쉽지 않은 일이지만.

비관적인 생각일지 모르지만, 내가 노화와 의료에 대해 항상 부정적인 측면에 초점을 맞추는 이유는 현실에 대한 눈높이를 낮추기 위함이다. 최악의 상황을 가정하고 대비하는 것이 위기관리의 핵심이다. 잘될 것, 최상의 결과를 가정하는 것은 위기관리가 아니다. 막연히 잘될 거라면서 위기관리를 소홀히 하면 좋은 결과를 얻기 힘들다. 그럼 '준비가 부족했다'는 쓴소리를 들어도 할 말이 없는 것이다.

세상만사 생각하기 나름이다. 자신은 약속 시간

보다 먼저 와서 기다리는데 상대방이 지각하면, 5분만 늘어도 '나는 일찍 왔는데'라며 불쾌감을 느낄 것이 분명하다. 하지만 위기관리 차원에서 '어차피 그 친구는 종종 늘으니까. 오늘도 10분 정도는 늘겠지'라고 너그럽게 생각하고 기다리면 5분을 늘어도 '오늘은 의외로 일찍 왔네' 하고 평온한 마음을 유지할 수 있다.

반드시 잘될 거라는 희망과 아직 기회가 있다는 믿음 같은 긍정적인 자세도 정말 중요하다. 그러나 위기를 관리하는 차원이라면 최악의 상황을 늘 염두에 두고 대비해야 한다. 특히 노화나 죽음과 같은 가혹한 현실에 직면했을 때는 더욱더 그런 자세가 필요하다.

사무라이는 왜 할복을 했을까

어렸을 때, 나는 사무라이가 할복했던 이유를 도저히 이해할 수 없었다. 죽으면 모든 것이 끝나는데, 왜 스스로 목숨을 끊는 걸까? 그것도 자신의 배를 칼로 가르는 매우 잔인한 방식으로 말이다. 명예를 지키기 위해서, 사죄의 표시로, 항복하여 살아남은 자의 수치심 같은 이유 때문에 자신의 목숨을 끊는다는 것이 당최 이해되지 않았다.

　하지만 사무라이와 할복에 관한 책 등을 읽으면서 어느 순간 그 마음을 짐작할 수 있었다. 아마도 그들은 평소에도 항상 '죽음'을 의식하고 살았던 것 같다. 에도 막부 초기에 쓰인 사무라이 지침서 《하가쿠레》에는 '무사도는 죽음을 맞이했을 때 비로소 실현된다'는 구절이 있다. 항상 죽음을 의식하며 살아감으로써 삶의 자유도가 높아지고, 매 순간과 장소를 소중히 여기며, 도리에서 벗어난 행동을 하지 않을 수 있었다. 허울뿐이 아니라 진지하게 생각했기 때문에, 때가 되면 도망치지 않고 죽음을 겸허히 받아들였던 것이다.

　사람은 언젠가 반드시 죽기 때문에, 차라리 나쁜 죽음보다는 좋은 죽음을 맞이하고 싶다는 마음도 작용했을 것이다. 살아남아서 어깨를 움츠리고 부끄러움과 회한에 시달리느니 차라리 떳떳하게 생을 마감하는 것이 낫다고 생각했다. 아무리 그렇다 해도 이것 역시 생명을 함부로 여기는 발상이지만, 생명보다 명예와 충성심을 중시했던 당시의 시대상을 반영한 것이라고 할 수 있다. 지금은 목숨이 무엇보다 중요한 시대이기 때문에 이런 가치관이 일축되었지만, 예전에는 목숨보다 중요하게 생각했던 것이 있었음은 부정할 수 없다.

　　오늘을 살아가고 있는 나에게도 중요한 것이 있다. 그것은 '고통 없이 살아가는 것'이다. 구제할 방법이 없는 고통에 처하게 되면, 나는 목숨을 버려서라도 편해지고 싶다. '그래도 사람 목숨보다 더 중요한 것은 없다'고 말하는 사람은 아마 지금 고통을 받고 있지 않은 사람일 것이다. 어쨌든 살아 있어 달라며 연명을 바라는 것은 대개 가족이고, 고통받는 본인은 틀림없이 사카모토 류이치처럼 '이제 가게 해달라'고 말할 것이다.

　　현재 일본에서는 죽음을 금기시하기 때문에 죽음을 긍정하는 발언이 용납되지 않는다. 의료가 죽음을 피하기 위한 방책을 적극적으로 세우지 않는 것 또한 있을 수 없는 일로 여겨진다. 의료가 발달한 지금은 고도화된 치료와 검사로 인해 자연스러운 수명이 받아들여지지 않고 있다. 비참한 연명치료, 고통스러운 장수, 가혹한 간병 등의 문제가 곳곳에서 일어나고 있다.

　　인간은 반드시 죽는다. 죽음에 저항하고 거부해도 달라지는 것은 없다. 그 사실을 항상 의식하고 후회 없는 매일매일을 보낸다면, 어느 날 문득 죽음이 다가와도 어느 정도는 수용하고 받아들일 수 있지 않을까?

　　그래도 받아들이기 어렵다면 자연적인 수명을 받아들이는 쪽으로 발상을 바꾸면 어떨까 싶다. 어느 정도 나이가 들면 의료에 접근하지 않는 것도 하나의 선택지가 될 수 있다고 생각한다. 그렇게 할 수만 있다면 좋은 점이 많다. 병원에서 오래 기다리지 않아도 되고, 힘든 검사나 치료를 받지 않아도 되고, 검사 결과에 일희일비하지 않아도 된다. 그뿐인가? 의료비를 아낄 수 있고, 약의 부작용으로 몸이 축나지 않아도 되고, 남는 시간과 돈, 체력을 원하는 일에 쓸 수도 있다. 나라 전체의 의료비도 절감할 수 있고, 병원에 동행할 사람도 필요 없으니 그 인력과 재원을 더 좋은 곳에 쓸 수 있다. 그리고 마지막에는 집이나 시설에서 자연스러운 임종을 맞이하는 것이다.

　　자연스러운 죽음은 그다지 고통스럽지 않다. 죽음 직전에 고통스러운 것은 의료가 발달한 탓에 무의미하게 삶이 연장되기 때문이다. 의료가 발달하기 전에는 누구나 집에서 그리 고통스럽지 않게 임종을 맞이했다.

일찍부터 노화와 죽음을 의식하며 살아간다면 우리도 자연스러운 수명을 받아들일 수 있지 않을까? 사무라이가 할복을 하는 것보다는 훨씬 쉬울 것이다.

'인생의 노을', 의외로 좋은 것

만화가 미즈키 시게루의 만화에는 인생과 세상에 대한 깊은 통찰이 있다. 나는 그의 만화에서 많은 영향을 받았다. 예컨대, "이름 따위는 만 년이 지나면 대부분 사라져버리는 것" 같은 대사에서 깊은 영감을 받았다.

어렸을 때 유명해지고 싶다고 생각했던 나는 이 한 마디로 어떤 깨달음을 얻었다. 확실히 만 년 전 인간 중 여태 이름이 남아 있는 사람은 없으며, 이름 따위는 금방 사라져버리니까 유명해지려고 하기보다 자신의 삶을 충실하게 살기 위해 노력하는 것이 낫다는 것을 깨달았다.

그의 또 다른 단편에서는 한 사무라이 관료가 열심히 공부해 쇼헤이코(당시 일본 막부의 공식 교육기관, 도쿄대학교의 전신_번역자주)에 입학하고, 동료들이 놀 때도 성실하게 저축하고, 결혼도 하고, 집도 짓고, 아이도 대학에 입학시켜 미래의 행복을 준비했지만 임종 직전에 이렇게 중얼거린다. "나는 조금도 행복하지 않았어." 그러자 옆에 있던 아내가 이렇게 말한다. "당신은 행복해질 준비만 했죠."(《행복의 달콤한 향기》)

이 얼마나 함축적인 말인가. 미래를 걱정해서 직장을 다니며 돈을 모으고 건강에 힘쓰며 행복해지기 위해 안간힘을 썼는데, 자신도 모르게 주객이 전도되어 '준비'에만 몰두한 것이다. 그러다가 갑자기 인생의 끝자락에 서게 되면, 이 사무라이 관료처럼 "즐기고 맛보는 것을 잊고 살았구나!"라고 뒤늦게 탄식하게 된다.

노화에 관해서는 《쇼와사》(일본 쇼와 시대의 역사를 그린 미즈키 시게루의 만화) 8권 마지막 부분에 등장하는 생쥐 인간이 현대사회의 각박한 현실을 한탄하며 "좋은 노후란 무엇일까? 그런 게 있기는 할까?"라고 중얼거리자, 작중에 등장하는 미즈키 씨가 이렇게 답한다. "생쥐 인간!! 대체 무슨 말을 하는 거야. '노후'는 생각보다 좋은 거야. …(중략)… '인생의 노을' 이게 또 의외로 좋은 거지. 젊었을 때는 성공하고 싶다거나 하는 욕심이 있지만, 모든 것이 지나가고 나이가 들면 자신이 누구인지 더 잘 알게 돼. 그럼 욕심이 없어진달까? 지금까지 깨닫지 못했던 여러 가지가 보이는 거지. 사람과 삶, 그리고 다양한 것들이 지금까지 몰랐던 모습으로 보이는 거야. 젊을 때처럼 시시하고 악한 마음이 사라져버린달까? 확실히, 진짜 인생은 60대부터라고!"

이것은 진정 좋은 노후가 무엇인지를 말해준다고 생각한다. 핵심은 욕심이나 악한 마음을 없애라는 것이다. 미즈키 씨는 성공하고 싶다든가, 부자가 되고 싶다든가, 조금이라도 더 많은 성취를 이루고 싶다든가, 손해를 보고 싶지 않다든가 하는 생각이 드는 동안에는 인생에서 정말 중요한 것들이 보이지 않는다고 말하고 있다.

그럼 정말 중요한 것은 무엇일까? 욕심과 악한 마음을 아직 버리지 못한 나로서는 알 수 없다. 최대한 욕심과 악한 마음을 줄여나가면서 언젠가 정말 중요한 것을 깨닫는 날이 오기를 기대해볼 뿐이다.

은퇴 노인

국립오사카병원 마취과 의사였던 아버지는 65세에 정년퇴직을 하고 87세에 임종할 때까지 의사로서의 삶을 내려놓고 자유롭게 지냈다. 같은 연배의 의사들이 정년 후에 개인병원에 연봉 1,000만 엔을 받고 취직했다고 자랑을 해도 "그 정도 받는다는 것은 그만큼 일을 많이 해야 한다는 거야"라며 대수롭지 않게 여겼다.

일을 그만둔 후, 아버지는 소위 '은퇴 노인'이 되어 하루하루를 여유롭게 보냈다. 책을 읽고, 산책하고, 커피숍에 가고, 낮잠을 자고, 영화를 보고, 그림을 그리고, 글을 쓰면서, 어머니와 함께 국내외로 여행을 다녔다. 아버지는 역사를 좋아해서 나라에서 아스카 시대의 유적이 발굴되었다는 소식이 들리면 견학하러 가고, 쇼소인전(쇼소인은 나라 현 북서쪽에 위치한 수장고로 나라시대를 중심으로 한 다양한 황실의 물건들과 전통 미술공예품들을 소장하고 있다. 매년 수장고의 보물 일부를 일반에게 공개하는 전시회를 개최함_번역자주)이나 국보전이 열리면 찾아가서 관람했다.

또 《언덕 위의 구름》(메이지 유신 이후부터 러일전쟁 승리까지를 그린 시바 료타로의 장편 역사소설)을 좋아해서 직접 러일전쟁을 연구했고, 쓰시마 해전의 연합함대와 발트함대의 격전을 연대순으로 그림을 그려가며 정리하기도 했다.

아버지는 그 외에도 귀신이나 도깨비 이야기를 좋아해서 괴이한 현상이나 목격담을 모아 책으로 만들기도 했다. 뿐만 아니라 당신의 고향인 사카이 시에 얽힌 역사적 사건들을 조사해서 한 권의 책으로 엮어내기도 했다.

달큰한 군것질도 좋아해서 어디어디에 맛있는 양갱이 있다, 특이한 디저트가 있다는 이야기를 들으면 먼 곳도 마다하지 않고 찾아갔다. 사카이의 명물 구루미모찌, 케시모찌, 니키모찌 등도 자주 사 먹으러 돌아다녔다. 지루할 틈 없이 취미와 오락의 나날들을 보냈다.

나는 아버지만큼 취미가 많지 않기 때문에, 은퇴하면 프라모델이나 만들어볼까 생각 중이다. 지금은 어른의 소비가 가능해졌기 때문에 고가의 프라모델도 마음껏 살 수 있다. 제작에 필요한 정교한 핀셋, 니퍼, 류터, 사이즈별 붓과 세필, 섬세한 데칼 및 에칭에 필요한 부품도 마음만 먹으면 언제든지 구비할 수 있다. 50년 전과 달리 프라모델 제작 기법도 향상되어 웨더링(풍화 표현)만 해도 헤어스프레이 기법, 워싱, 치핑, 도팅, 드라이브러싱, 먹물 입히기 등으로 세분화되어 있다. 오리지널 전기형 전차를 후기형으로 바꾸거나 자료 사진에 있는 실제 차로 재현할 수도 있다. 전차병부터 3차원 축적 모형까지 제작하려면 시간이 아무리 많아도 여유롭지 않다.

　　'은퇴 노인'이 되면 의무도, 책임도, 할당량도 없으니 하루하루를 여유롭게 보낼 수 있다. 나는 이제 예순여덟인데, 이 나이쯤 되면 남은 시간이 그리 길지 않다는 것을 잘 알고 있다. 남은 시간을 더 연장하고 싶다거나 조금이라도 더 건강하게 살고 싶다는 욕심을 부리면 해야 할 일(절제, 운동, 건강검진, 식단조절 등)과 하지 말아야 할 일(폭음, 폭식, 편식, 야식, 흡연, 비만 등)이 많아진다. 다시 말해 자유와 여유가 줄어든다는 뜻이다.

가장 행복한 순간, 지금

어떻게 나이 들어야 할까? 사람마다 처한 환경도 다르고, 가치관도 다르고, 타고난 체질도 다르기 때문에 어떤 것이 정답이라고 단언하기는 힘들다. 무엇을 중요하게 여기는지에 따라 우선순위가 달라진다. 어느 정도의 요령이나 비결은 있을 수 있지만, 노화는 자연현상이기 때문에 인간의 얕은 지식으로 이게 좋다, 저게 좋다고 말해봤자, 결과는 오차범위를 벗어나지 않는다. 그래도 뭔가 좋은 방법이 있지 않을까, 얻어갈 만한 정보가 있지 않을까 기대하는 것은 환상에 가까운 바람이다.

9년간의 의무관 생활을 마치고 귀국해서 데이케어 클리닉에서 근무하던 때였다. 어느 날 오스트리아 빈 대사관에서 내 전임자로 근무했던 의무관 N에게서 전화가 왔다. 서로의 근황을 이야기했는데, 그는 아내를 떠나보낸 지 얼마 되지 않은 터라 목소리가 가라앉아 있었다. 그는 빈에서 아내와 함께 오페라를 보고 선술집에서 와인을 마셨던 일들을 회상하며 감회에 젖어 이렇게 말했다. "지금 생각해보면 그때가 가장 행복했던 시절이었네. 그땐 몰랐지만."

　　그 말이 가슴에 와닿았다. 그리고 나 자신을 돌아보았다. 지금 가장 행복한 시절을 보내고 있으면서 혹시 모르고 지나치고 있는 것은 아닐까 하는 생각이 들었다. 물론 여러 가지 불평과 불만은 있지만, 큰 불행이 없다면 그것만으로 감사해야 하는 건 아닐까? 그렇게 생각하니 한결 마음이 편해졌다. 일본 의료계의 원로 히노하라 시게아키 씨는 자신의 책에 '사람은 대부분 자신의 불행에 민감하다'고 썼다. 거꾸로 말하면 '행복에는 둔감하다'는 뜻이다.

　　불평과 불만을 말하는 사람은 불행하다. 행복한 사람은 불평하지 않는다. 행복한지 아닌지는 자기 자신만이 느끼는 것이고, 모든 문제는 비교에서 시작된다. 같은 상황에서도 누군가는 행복하고, 누군가는 불행하다. 사실 아무 일도 일어나지 않은 지금이 가장 행복하다는 것을 깨닫는다면, 앞으로 어떻게 늙어갈지 고민하지 않아도 된다. 행복에 젖어 있을 때는 이런저런 생각을 하지 않으니까.

나가는 말

자연스러운 것에 순응하기

이 책은 앞으로 노화를 경험하게 될 사람이나 노화를 실감하는 사람 중 어느 정도 마음의 여유가 있는 사람, 즉 노인 전 단계의 사람을 염두에 두고 썼다. 아직 여유는 있지만, 노화와 죽음에 대한 걱정이 있는 사람과 그 나이대의 가족이 있는 사람이 읽어주었으면 한다.

제대로 나이 들고 잘 죽기 위해서는 그에 상응하는 준비가 필요하다. 그러나 노화도, 죽음도 불쾌하기 때문에 관심을 갖는 사람이 적고 이를 직시하는 것도 탐탁지않아 하는 것이 사실이다. 그래서 막상 실제 노화가 시작되고 죽음이 다가오면 많은 사람들이 비슷한 패턴으로 좋은 노년을 맞이하는 데 실패한다. 그리고 쓸데없는 고통과 후회를 떠안는다.

나는 오랫동안 노인의료에 종사해왔기 때문에 다양한 노화의 과정을 잘 알고 있다. 멋지게 나이를 먹고 후회 없는 인생의 마지막을 맞이하기 위해서는 노화의 과정을 잘 받아들이는 것이 중요하지만, 그것이 어렵다는 것도 잘 알고 있다.

노화와 죽음을 받아들이지 못하는 가장 큰 원인은 역시 본능적으로 나이 들고 싶지 않고, 죽고 싶지 않기 때문이다. 게다가 세상에 넘쳐나는 노년에 대한 미사여구와 무책임한 허위 정보가 허황된 희망을 주기 때문이기도 하다. 그중에 효과가 있는 것도 있을지 모르겠지만, 의학적 근거가 있는 것은 극소수에 불과하다. 하지만 그들의 유혹은 교묘하다. 마치 꿈의 치료법이라도 되는 양 광고한다. 돈벌이가 목적이니 매력적으로 보이도록 어필하는 것이 당연하다.

가능한 한 독립적으로 건강하게 오래 살기 위해서는 절제와 운동 등의 노력이 필요하다. 하지만 그런 노력이 모든 걸 해결해주지는 않는다. 아무리 노력해도, 혹은 타고난 체질이 아무리 뛰어나도, 결국 노화로 인한 불편은 피할 수 없다. 그리고 죽음도 반드시 찾아온다. 그때를 위한 마음의 준비가 꼭 필요하다.

나는 현재 건강검진센터에서 내과 진료를 담당하고 있는데, 많은 사람들이 건강에 대해 너무 많은 걱정을 하고 있다고 느낀다. 그 걱정이 시간적, 경제적, 정신적, 육체적으로 많은 낭비를 낳고 있다. 그 정도로 걱정하지 않아도 된다고 말하고 싶지만, 시끄러워질 게 뻔하니 입을 다물 수밖에 없다.

꽤 오래된 이야기지만, 미국에서 '서민들을 위한 의사'로 평가받는 로버트 멘델슨의 책에서 한 구절을 인용하고자 한다. '현대 의학을 구성하는 의사, 병원, 약품, 의료기기의 90퍼센트를 이 세상에서 없애버린다면 사람들의 몸 상태는 즉시 좋아질 것이다. 나는 확신한다.' 멘델슨의 이 발언을 액면 그대로 받아들일 수는 없나. 하지만 완전히 엉터리라고 할 수도 없다. 나도 의료의 90퍼센트를 없애버리면 많은 사람들이 건강해질 것이라고 생각한다. 다만 평균 수명은 조금 짧아질 것이다. 대신 간병에 대한 부담도 훨씬 줄어들고, 비참한 연명치료 때문에 괴로움을 겪는 사람들도 줄어들 것이다.

노화나 죽음은 떠올리기도 하기 싫어하는 사람

이 많다. 그러나 이것은 해가 뜨고 지는 것, 계절이 바뀌는 것처럼 거스를 수 없는 자연현상이다. 결국 피할 수도, 늦출 수도 없다. 우리는 이 사실을 직시해야 한다. 내게 주어진 시간은 정해져 있고, 누구나 마찬가지다. 그러니 쓸데없이 노화와 죽음에 맞서 싸우느라 시간을 허비하기보다, 당연한 것을 당연하게 받아들이고 남은 시간과 에너지, 사랑을 의미 있게 쓰는 지혜가 필요하다. 그렇게 한다면 '늙는다는 것'은 슬픔과 고통이 아니라, 차분히 삶을 돌아보고 의미를 찾아가는 '가장 행복한 순간'으로 바뀔 것이다.

　　이 책을 읽는 여러분에게도 마음의 평화가 깃들기를 진심으로 기원한다.

부록

한국어판 하세가와 치매척도

(The Korean version of Revised Hasegawa Dementia Scale : HDS-K)

1. 연세(나이)가 어떻게 되십니까?	0 1
2. 올해는 몇 년도입니까? 　지금은 몇 월입니까? 　오늘은 몇 일입니까? 　오늘은 무슨 요일입니까?	0 1 0 1 0 1 0 1
3. ① 여기는 무엇을 하는 곳입니까? 　　(답이 틀리거나 질문에 대답하지 못하면 ②번 질문을 하시오.) 　② 여기가 병원입니까, 아니면 사무실입니까, 　　아니면 ____님의 집입니까?	0 1 2
4. 제가 세 가지 물건의 이름을 말해드리겠습니다. 제가 물건 이름을 말씀드리면 ____님께서는 그 이름들을 따라 말씀해보세요. 　**기차　　호랑이　　사과** 몇 분 후에 ____님께 방금 따라하신 물건 이름을 다시 물어볼 테니, 이 물건 이름들을 잘 기억하고 계세요.	0 1 2 3
5. ① 100에서 7을 빼면 얼마입니까? (맞으면 ②번, 틀리면 6번으로 가시오.) 　② 거기에서 또 7을 빼면 얼마입니까? ('93에서 7을 빼면?'이라고 질문하지 마시오.)	0 1 2
6. 지금부터 몇 개의 숫자를 불러드리겠습니다. 잘 듣고 제가 말씀드린 숫자를 거꾸로 말씀해보세요. 예를 들면 제가 '1-2-	0 1 2

3'이라고 하면, ____님께서는 '3-2-1'이라고 대답하셔야 합니다. 그러면 지금 제가 말씀드리는 숫자를 거꾸로 말씀해보세요.

① 6-8-2 (맞으면 ②번, 틀리면 7번으로 가시오.)

② 3-5-2-9

---

7. 조금 전에 제가 기억하라고 말씀드렸던 세 가지 물건이 무엇입니까? (스스로 회상하지 못할 경우에만 단서를 제공하시오.)

기 차 (단서 : 타고 다닐 수 있는 것)	0 1 2
호랑이 (단서 : 동물 또는 짐승)	0 1 2
사 과 (단시 : 과일)	0 1 2

---

8. (한 번에 하나씩 보여주면서) 이름을 말씀해보세요.

시계 : ____   열쇠 : ____   도장 : ____   연필 : ____

동전 : ____ (반응을 기록하시오)

(보여준 물건들을 피검자가 보지 못하도록 치운 다음) 조금 전에 보여드린 것이 무엇이었습니까?

□ 시계   □ 열쇠   □ 도장   □ 연필   □ 동전

0 1 2
3 4 5

---

9. 생각나는 채소 이름을 가능한 많이 말씀해보세요. (반응을 기록하시오.)

1.____   2.____   3.____   4.____   5.____

6.____   7.____   8.____   9.____   10.____

0 1 2
3 4 5

총점　　　/30

한국어판 하세가와 치매척도 시행 지침

문제 1 (최저 0점, 최고 1점) 본래 자신의 나이(만 나이)보다 두 살 아래부터 두 살 위까지 정답으로 채점하여 1점을 준다. 예를 들어 70세 노인이 자신의 나이를 68세라고 했다면 맞는 것으로 채점해야 한다.

문제 2 (최저 0점, 최고 4점) 피검자가 정확하게 응답한 항목은 각 항목당 1점으로 채점한다.

문제 3 (최저 0점, 최고 2점) ①번 질문에 대한 답이 맞으면 2점으로 채점한다. MMSE−KC의 장소 지남력에 대한 질문과는 달리, 검사 장소의 정확한 명칭이나 주소는 모르더라도, 무엇을 하는 곳(장소의 성격)인지를 알고 있으면 맞는 것으로 채점한다.(예 : 치료하는 곳, 병원, 보건소, 진료소) ①번 질문에 대한 답이 틀리거나 대답하지 못하면 5초 후에 ②번 질문을 한다. ②번 질문에 대한 답이 맞으면 1점, 틀리면 0점으로 채점한다.

문제 4 (최저 0점, 최고 3점) 첫 번째 시행에서 피검자가 정확하게 따라 말한 단어를 각 단어당 1점으로 채점한다. 그러나 피검자가 한 번 시행으로 정확하게 따라하지 못할 경우, 3회까지만 반복해준다. 그러나 채점은 첫 번째 시행의 반응만을 기준으로 한다. 예를 들어 첫 번째 시행에서는 한 가지만 기명되었다가 두 번째 시행에서 세 가지가 모두 기명된 경우, 이 문항의 점수는 3점이 아니라 1점이 된다. 3회를 반복해도 기명되지 않는 문항은 회상 단계인 7번 문제에서 회상하더라도 채점하지 않는다. 예를 들어 이 문항에서 호랑이와 사과만 기명이 되었다면 7번 문항에서 호랑이, 사과, 기차를 모두 회상한다고 해도 기차는 틀린 것으로 채점해야 하므로 7번 문항의 점수는 2점이 된다.

문제 5 (최저 0점, 최고 2점) ①번 계산이 틀리면 0점으로 채점하고 바로 6번 문항으로 넘어간다. ①번 계산이 맞으면 1점으로 채점한 다음 ②번 질문을 한다. 피검자가 대답한 숫자를 반복해서 말해주지 말고 "거기에서 또 7을 빼면 얼마입니까?"라고 질문해야 한다. ②번 계산이 맞으면 1점으로 채점하고, 틀리면 0점으로 채점한다.

문제 6 (최저 0점, 최고 2점) ①번을 수행하지 못하면 0점으로 채점하고 바로 7번 문항으로 넘어간다. ①번을 바르게 수행하면 1점으로 채점한 다음 ②번 질문을 한다. ②번을 바르게 수행하면 1점으로 채점하고, 틀리면 0점으로 채점한다.

문제 7 (최저 0점, 최고 3점) 스스로 정확히 회상한 단어는 2점으로 채점한다. 스스로 회상하지 못할 경우 괄호 안에 있는 단서를 한 번에 하나씩 제공하여 회상을 돕는다. 단서를 제공한 후 정확히 회상한 단어는 1점으로 채점한다. 단서를 준 후에도 회상하지 못한 단어는 0점으로 채점한다.

문제 8 (최저 0점, 최고 5점) 다섯 가지 물건의 이름을 물어본 다음, 응답의 옳고 그름에 관계없이 환자의 반응을 반드시 기록해두어야 한다. 단 이 항목은 채점하지 않는다. 피검자가 이름을 대지 못하는 물건이 있으면 그 물건의 이름을 '＿입니다'라고 한 번만 알려준다. 보여주고 이름을 말하게 했던 다섯 가지 물건을 환자가 보지 못하도록 치운 다음, 회상하게 지시하여 환자가 정확히 회상한 물건의 개수를 점수로 기록한다.

문제 9 (최저 0점, 최고 5점) 피검자의 반응 중 채소류에 속하는 정확한 단어 총수에서 5를 뺀 값을 점수로 기록한다. 피검자의 정 확한 반응이 5개 이하일 경우에는 0점으로 채점하고, 10개 이상일 경우에는 5점으로 채점하면 된다. 지 시 후 10초 동안 반응이 없거나 10초 이상 다음 반응을 보이지 않으면 검사를 중단하고 그 시점까지의 반응만으로 채점한다.
예) 무, 배추, 당근, 파, 양파, 마늘, 시금치(7-5=2), 무, 배추, 당근, 파, 양파, 마늘, 소고기(6-5=1) 예) 무, 배추, 당근, 파, 양파(5-5=0)

사람이 늙는다는 것

초판 1쇄 2026년 1월 15일

지 은 이 구사카베 요
옮 긴 이 조지현
감   수 이종철

책임편집 박병규
디 자 인 select_form

펴 낸 이 박병규
펴 낸 곳 생각의닻
등   록 2020년 11월 11일 제2020-40호
주   소 (14548) 경기도 부천시 원미구 중동로254번길 90,
         6262호(워크리움 신중동)
전   화 (070) 8702-8709
팩   스 (02) 6020-8715
이 메 일 doximza@gmail.com
I S B N 979-11-996261-0-2 (03100)